Le Peuple et le Président

Cécile Amar et Cyril Graziani

Le Peuple et le Président

Michel Lafon

118, avenue Achille-Peretti – CS 70024
92521 Neuilly-sur-Seine Cedex
www.michel-lafon.com

À Erri et Mathis.
Cécile Amar

En mémoire de Martine.
Cyril Graziani

« Je lance l'idée de poser son gilet jaune sur le tableau de bord. »

Tout est déjà là. Comme un préambule à la révolte jaune. La colère des retraités. L'indignation contre la hausse du prix des carburants. Le sentiment que la campagne est abandonnée, que Paris n'entend rien. L'impression que le Président est loin, qu'il ne comprend pas. La cristallisation contre lui. La mémoire de Mai 68. Et le discours contre les migrants de certains Gilets jaunes venus de la droite dure ou de l'extrême droite. Les acteurs sont déjà là. Le peuple et le Président. Un peuple exaspéré et un Président sûr de son fait et de sa politique. Un tour de chauffe avant l'entrée en scène. Ne manque plus que le gilet de sécurité fluorescent. Tout est déjà là et le Président ne semble pas vraiment le saisir.

Ce mardi 6 novembre, Emmanuel Macron sort de la mairie de Verdun (Meuse) et va à la rencontre de celles et ceux qui l'attendent. Un retraité l'interpelle. Le Président demande : « *Vous touchez combien de retraite ?* » Le retraité : « *On est à 2 300 tous les deux.* [...] V*ous vous rendez compte ? Vous nous emmenez à la catastrophe, monsieur.* » Le Président : « *On a augmenté de 1,7 point la CSG, donc ça veut dire qu'on l'a augmentée de 34 euros pour 2 000. Trente-quatre euros, c'est ça, ce que ça prend, pour les chiffres que vous me citez.* » Le retraité : « *Vous, vous l'avez augmenté de 1,7, mais toute la CSG, nous sommes à 140 euros par mois.* » Le Président : « *Mais c'est pas moi qui vous l'ai augmentée, la CSG, de 140 euros par mois.* » Le retraité : « *Vous, vous n'avez fait qu'aggraver les retraites.* » Macron : « *Je vous entends.* » Le retraité : « *Non, vous ne nous entendez pas. De Paris, vous n'entendez pas la ruralité.* » Macron : « *D'abord je ne suis pas né à Paris. Je ne suis pas qu'à Paris. Je passe ma vie sur le terrain.* » Le retraité insiste : « *Monsieur le Président, vous ne l'entendez pas.* » Macron : « *Si. D'abord vous racontez un peu des carabistouilles.* » Le retraité : « *Non, non, je ne vous raconte rien. On n'y croit plus. Vous avez vu* *la colère de la France qui monte ? Le 17 novembre, vous allez la voir.* » L'échange se poursuit. Le retraité balance : « *Et les actifs, avec les 25 euros que vous leur avez donnés, vous croyez qu'ils vont vivre avec le prix du carburant que vous êtes en train de monter, là ?* » Le Président : « *Vous pouvez pas me dire : "Moi on me prend 20 euros c'est terrible et quand on en donne 30 ou 40 à un actif, c'est rien."* » Le retraité : « *J'ai travaillé chez Lactalis, j'ai travaillé toute ma vie, je n'ai jamais arrêté une seule journée et aujourd'hui on me prend de l'argent, monsieur le Président.* » Macron : « *Vous êtes en colère parce que vous voulez qu'on aide ceux qui travaillent.* » Le retraité : « *Oui je suis en colère et on y sera en colère le 17. J'espère que ça va durer et que toute la France se mette en colère, monsieur le Président.* » Macron : « *Et bien, vous n'êtes pas très logique, vous êtes en train de me dire : "Moi j'ai travaillé toute ma vie, je crois au travail." Moi aussi, je crois dans le travail, mais si on croit dans le travail et le mérite, on doit aider ceux qui travaillent et qui méritent. Moi j'y crois et je me bats.* » Le retraité : « *On n'y croit plus.* » Le Président : « *Mais d'abord, vous ne voulez pas forcément tout écouter. Je vous respecte parce que vous êtes en colère et vous étiez en colère à mon avis, d'avant que j'arrive.* » Le retraité : « *Oui, bien sûr.* » Le militant continue, puis il demande au Président : « *Vous ne sentez pas le malaise en France qui monte ?* » Macron : « *Mais je sens le malaise. Mais si je veux apporter une vraie réponse, je suis obligé de changer les choses et de répondre aux vrais problèmes.* » Le retraité : « *Vous étiez trop jeune, vous n'avez pas connu Mai 68.* » Le Président : « *Vous ne m'avez pas l'air d'avoir envie de faire Mai 68, vous.* » Le retraité : « *Moi, j'avais 16 ans* [...] *Méfiez-vous, méfiez-vous quand la colère monte. Méfiez-vous à la retombée.* » Le Président : « *J'entends la colère.* » Il explique sa politique. Le retraité : « *Sentez le malaise qui monte. Sentez-le. Vous allez le sentir le 17 novembre, le gros malaise.* » Le militant LR enchaîne ensuite sur un autre sujet : « *Et nos amis les migrants, vous allez nous envahir combien de temps ?* » Emmanuel Macron : « *Vous êtes de toutes les batailles.* » Le militant : « *Oui, je suis de toutes les batailles.* » Le Président : « *Vous me les mettez toutes sur le dos.* » Le retraité : « *Je suis militant depuis 1976.* » Le Président : « *Ce que vous me dites, ce que vous faites, vous me reprochez tout ce qui n'a pas été réglé depuis trente ans et vous voudriez que j'apporte des réponses immédiates et parfois un peu démagos.* »

Emmanuel Macron n'a pas oublié ce retraité de Verdun. Des semaines plus tard, dans le calme de son bureau élyséen, le Président raconte : « *Le militant en question est très dur, très à droite. Pour la petite anecdote, le sénateur* LR *vient lui dire : "Tu as tort de dire ça au Président." C'est Gérard Longuet qui vient me défendre.* » Le Président avait choisi, en ce début novembre, d'aller sur les terres de la Grande Guerre pour commémorer le centenaire de l'armistice, mais aussi pour venir à la rencontre de cette France qui souffre, de ces anciennes terres ouvrières de l'Est et du Nord qui ont subi la fermeture des mines et des usines. Cette « itinérance mémorielle » est un voyage dans la colère française, un périple au milieu de la détestation que suscite le Président depuis des semaines. Certains de ceux qui l'accompagnent sont sidérés par cette haine. Alors que des élus locaux ne sont pas étonnés par la révolte qui monte. Si Xavier Bertrand a décidé de rester dans sa région, de ne pas se lancer dans des aventures politiques nationales, c'est parce qu'il a saisi cette colère en 2015, pendant la campagne régionale. Il assiste à quelques étapes de ce voyage. « *Avec Macron, je parle de ce vent de colère qui monte dans le pays. Pendant l'itinérance, il se reçoit ça de plein fouet, mais il a du mal à voir la profondeur de cette colère.* » Le Président est heureux de ce voyage. Il voit bien que les retraités lui en veulent toujours pour l'augmentation de la CSG. Il a noté que des femmes sont venues lui raconter le temps partiel subi, ces « *vies bloquées* », comme il dit. Mais il n'a pas compris que ces mécontentements allaient se coaliser contre lui et éclater grâce aux Gilets jaunes. Il n'a pas compris que ces bains de foule, ces sorties au milieu des Français allaient être les derniers avant de longues semaines.

Son équipe, non plus, ne comprend pas qu'une révolte va venir percuter le quinquennat, que le Président devra y répondre. En rentrant de cette « itinérance », son conseiller spécial Ismaël Emelien et sa conseillère en communication Sibeth Ndiaye signent une note de stratégie pour les prochaines sorties du Président. « *Ils préconisent de multiplier les séquences surprises comme celle de Bully-les-Mines ou celle des appartements à Saint-Martin* détaille un de ceux qui ont lu leur préconisation. *Il faut des visites en petit comité comme à Saint-Martin, en immersion. Par exemple, des repas dans un bistrot, faire une sortie d'école ou assister et/ou jouer à un match de foot avec une équipe locale.* »

Tout est déjà là. Car le mouvement se prépare depuis des semaines. Mi-octobre, Priscillia Ludosky relance la pétition qu'elle avait initiée en mai, quand elle avait déjà trouvé que le plein coûtait de plus en plus cher. La charge de cette autoentrepreneuse de 32 ans qui vit en Seine-et-Marne s'intitule : « Pour une baisse des prix du carburant à la pompe ». Elle est publiée sur Facebook. « *Depuis janvier 2018, particulièrement, nous constatons une forte hausse du prix du carburant. Soit une hausse de 7,6 centimes/litre pour le gasoil et de 3,8 centimes/litre pour l'essence. En 2021, essence et diesel seront au même prix* », écrit la jeune femme au début de son texte. Elle liste ensuite les raisons de cette hausse (en sourçant ses propos) et termine par : « *Je pense pouvoir parler au nom de toutes les personnes qui n'en peuvent plus de payer pour les erreurs des dirigeants et qui ne souhaitent pas toujours tout payer et à n'importe quel prix ! Je vous invite à signer cette pétition pour permettre le franchissement d'une étape allant vers le dialogue.* »

Le 18 octobre, Jacline Mouraud poste une vidéo sur Facebook. Filmée en mode selfie, cette Bretonne de 51 ans lance un « coup de gueule » contre Emmanuel Macron, qu'elle résume ainsi : « *Où va la France ? Parce qu'il y en a marre et que se taire, c'est se rendre complice. Faites chacun votre petit mot au Président.* » Pendant 4 minutes 38, elle s'adresse au Président et à son gouvernement : « *Quand est-ce que ça va se terminer, la traque aux conducteurs que vous avez mise en place depuis que vous êtes là ? Parce que là, on atteint des sommets !* » *« On en a plein les bottes »*, dit-elle avant de lister « *les nouveaux contrôles techniques* [...] *Vous vous en foutez, vous roulez avec un parc qu'on vous offre et qu'on vous paie ; la hausse du prix du carburant* [...] *; la chasse aux véhicules Diesel ; l'augmentation du nombre des radars* [...] *Mais qu'est-ce que vous faites du pognon à part changer la vaisselle de l'Élysée ou vous faire construire des piscines ? On se demande* [...] *C'est pas la peine que vous restiez pour faire des conneries comme ça. Ensuite, les voitures privées banalisées. On est traqué ; aujourd'hui, c'est les péages à l'entrée des grandes villes, vous vous croyez où ?* [...] *Aujourd'hui, je crois, on a le sommet du sommet, la carte grise sur les vélos* [...] *Mais qu'est-ce que vous faites du pognon des Français ?* [...] *Je suis certaine qu'il y a au moins 80 % des gens qui m'écoutent qui sont d'accord avec moi. Ou je vous invite à partager cette vidéo* [...] *ou faites des vidéos pour dire que vous en avez marre.* [...] *Je fais 25 000 km par an, je n'ai pas le choix que de prendre ma voiture, qu'elle pollue ou qu'elle ne pollue pas. D'ailleurs on peut parler de la pollution des avions, dont vous ne parlez jamais. Bien sûr, y a des lobbies derrière. Franchement, mais où va-t-on ? Où va la France, M. Macron ? Où va la France ? Certainement pas où vous aviez dit que vous l'emmèneriez.* » Plus de 6 millions de personnes vont la voir en quelques jours.

Le 21 octobre, *Le Parisien* Seine-et-Marne consacre un papier à la pétition de Priscillia Ludosky, qui compte alors 12 000 signatures. « *Je sens le ras-le-bol monter* », témoigne celle qui raconte qu'une association d'automobilistes a pris contact avec elle pour une opération escargot sur le périphérique le 17 novembre. Trois jours après le papier du *Parisien*, la pétition grimpe à 300 000 signataires pour culminer à plus de 1 million. Peu après, un groupe Facebook appelle à une journée de mobilisation le 17 novembre. La grogne contre le prix de l'essence monte dans toute la France.

Ghislain Coutard est technicien à Narbonne. « *Je répare des machines d'air comprimé dans toute la France. Je me déplace en camion.* » Fan de voitures de sport, ce père de 36 ans participe à des rassemblements de bagnoles « *avec des copains* ». L'augmentation de la carte grise a été une première alerte « *En janvier 2018, celle de ma voiture de sport est passée de 950 à 5 560 euros. Je ne pourrai jamais la revendre. C'est pas normal. On travaille pour vivre, pour essayer de se faire plaisir, et on nous matraque.* » Alors quand, en plus, le prix du carburant grimpe, « *ça m'a rendu fou* ». Ghislain est en colère. « *Je voyais le prix à la pompe augmenter sans cesse. Je me considère comme moyen riche, je gagne 1 800 euros par mois. Plus la vie devient chère, plus je vais descendre de catégorie. Quand on bosse et qu'on descend d'une classe, parce que les riches s'en mettent plein, on enrage.* » Ghislain a l'habitude de poser son gilet jaune de sécurité sur le tableau de bord de son camion, le soir, en finissant le boulot. « *Mon camion, on le voit de loin. Je le reconnais sur le parking.* » Il a remarqué sur Facebook des appels à bloquer le 17 novembre. Il se sent solidaire. Le 24 octobre, Ghislain tourne une vidéo et « *je lance l'idée de poser son gilet jaune sur le tableau de bord parce que je sais que c'est visible* ». Sa vidéo débute par : « *En espérant que ça fasse le tour de la Toile au max. J'ai vu que ça bougeait un peu pour le 17 novembre, j'espère que ça va vraiment bouger.* […] *Si on peut faire vraiment comme en 98 et 2018 pour la Coupe du monde dans la rue pour le gasoil, pour les taxes, pour tout, pour tout, on se fait enculer de partout. Ceux qui sont d'accord pour le mouvement* […], *on a tous un gilet jaune dans la bagnole* (et il le brandit). *Foutez-le en évidence sur le tableau de bord toute la semaine jusqu'au 17. Un petit code couleur pour montrer que vous êtes d'accord avec nous, avec le mouvement.* […] *Ça va motiver* […] *On va croiser des gilets jaunes partout, c'est un signe. Ça va peut-être bouger.* […] *Participez le 17, sortez, c'est un samedi. On sort les trompettes.*

On fait comme une Coupe du monde. On s'amuse. On bloque tout […] *Allez, partagez s'il vous plaît.* » Il vient d'inventer le symbole de ce mouvement : le gilet jaune. Un mouvement qui va essaimer dans d'autres pays. En quelques jours, sa vidéo fait 5 millions de vues. « *Je voulais faire un coup de gueule pour Narbonne et maintenant, c'est parti dans tout le monde. Je suis fier.* »

Éric Drouet et son ami Bruno Lefebvre, deux routiers de Seine-et-Marne qui partagent la passion des bagnoles, ont lancé des appels au blocage le 17 novembre. Leur page s'appelle « La France en colère ». Dès qu'il voit la vidéo de Ghislain Coutard, Drouet l'appelle pour le féliciter. Le père de famille multiplie déjà les vidéos filmées dans son camion pour appeler à des actions le 17 novembre. Apolitique, très critique des syndicats, le routier de 33 ans se définit comme appartenant à la classe moyenne, sa femme et lui paient « *700 à 800 euros d'impôt par mois* ». Dès avant la première journée de mobilisation, dans ses vidéos, Éric Drouet affirme que les Gilets jaunes ne se battent pas seulement contre la hausse du prix du carburant : « *C'était vraiment la taxe de trop. Là on y va pour l'ensemble des taxes qui sont devenues insupportables pour la majorité des foyers* […] *Les ambulanciers, les retraités, les chômeurs, ça concerne vraiment tout le monde* […] *Le carburant, ça a été la goutte de trop pour le 17. C'est vraiment pas la revendication générale du 17. On y va pour plus que ça.* » Et dans une autre : « *Il va falloir se battre pour que nous, citoyens, on ait notre mot à dire. Les taxes, les lois, la gestion du gouvernement, tout ce qui se passe là-haut* […] *On se retrouve à être dirigé par des gens qui n'ont pas du tout notre vie* […] *Moi je vais me battre le 17 novembre pour que nous le peuple français, nous les citoyens d'en bas, les patrons, les trucs aient… une place dans tout ce qui va se passer au gouvernement. Ne plus se laisser diriger et subir sans pouvoir rien dire… Ce n'est même plus une manif le 17, c'est un mouvement populaire.* »

Le mouvement se prépare sur les réseaux sociaux. D'autres figures émergent à travers des vidéos, comme celle de Franck Buhler, membre de Debout la France, le parti de Nicolas Dupont-Aignan dans le Tarn-et-Garonne, qui fait 4 millions de vues pour bloquer le 17.

Ce mouvement, l'Élysée ne l'a pas vu venir. Dimanche 4 novembre, en fin de matinée, juste avant d'enregistrer sa réaction au résultat du référendum en Nouvelle-Calédonie, Emmanuel Macron s'énerve en comprenant que la vidéo de

Jacline Mouraud est virale : « *C'est une catastrophe, on est à 5 millions de vues.* » Les conseillers, autour de lui, se taisent. Ils ne comprennent pas ce qui survient. Le Président hésite à répondre lui-même à l'hydrothérapeute et agent de sécurité incendie. Il songe à envoyer Antoine Peillon, son conseiller énergies, environnement, transport. Mais personne ne le connaît. Puis le Président demande à Emmanuelle Wargon, secrétaire d'État à l'écologie, de tourner une vidéo : « *Réponds de la même manière.* »

Dans les allées du pouvoir, certains sont très éloignés de cette France des Gilets jaunes. Le 28 octobre, le *JDD* écrit que le porte-parole du gouvernement, Benjamin Griveaux, s'est moqué de Laurent Wauquiez d'un « *Son ticket carburant, c'est de la subvention à la pollution. Wauquiez, c'est le candidat des gars qui fument des clopes et qui roulent au diesel. Ce n'est pas la France du* XXI*e siècle que nous voulons.* » Au moment où les Français se révoltent contre la hausse du prix du diesel, la phrase tombe très mal. Des semaines plus tard, alors que les Gilets jaunes sont dans la rue depuis deux mois, Griveaux affirme au *Point* : « *J'ai dit : "candidat des clopes et du diesel"* [1]. » Il y a bien eu quelques alertes,

1. « À quoi leur sert Benjamin Griveaux ? », Erwan Bruckert, *Le Point*, 17 janvier 2019.

mais elles n'ont pas été entendues. Depuis des mois, François Bayrou martèle : « *Attention, le problème est social.* » Avant qu'il ne démissionne bruyamment, Nicolas Hulot a plaidé pour un « *coussin social* », amortissant les effets de la taxe carbone pour les ménages les plus pauvres et les plus touchés par le carburant, le chauffage au fioul, etc. Mais le pouvoir ne voit pas venir la colère contre cette hausse des prix du carburant. Il la voit d'autant moins qu'octobre doit, au contraire, être pour eux le mois où les Français vont bénéficier de la baisse des cotisations salariales et de la suppression progressive de la taxe d'habitation. Matignon reconnaît : « *On pense que les Français vont comprendre qu'ils ont plus à gagner avec nos réformes. Ceux qui perdent sont les retraités.* »

Si le pouvoir ne voit pas venir les prémices de la colère jaune, des politiques l'enfourchent vite. Marine Le Pen se veut depuis longtemps la candidate de cette France invisible, de ce « *peuple* [qui] *n'est pas la préoccupation d'Emmanuel Macron* ». Dès le début, elle soutient les Gilets jaunes. Les boucles « réseaux sociaux » des Insoumis repèrent en octobre les appels à bloquer le 17 novembre. « *Quand ça secoue la Toile, on sait* », avoue Jean-Luc Mélenchon. Et les Gilets jaunes secouent la Toile. Si la députée de Seine-Saint-Denis, Clémentine Autain, écrit : « *Je ne serai pas le 17 dans les blocages parce que je ne me vois pas défiler à l'appel de* Minute *et avec Marine Le Pen* », les autres élus Insoumis, Mélenchon et François Ruffin en tête, soutiennent et encouragent la révolte jaune.

Et pendant que les politiques tergiversent, que les syndicats se méfient, les blocages du périphérique parisien, des péages d'autoroute, des entrées de supermarché, les occupations de ronds-points se préparent. Des groupes de Gilets jaunes se créent dans des villes et des villages. Ils distribuent parfois des tracts, font le plus souvent des vidéos ou des posts Facebook pour appeler à la mobilisation. Plus de 700 rendez-vous sont annoncés pour le 17 novembre. En marche vers l'acte I.

« La honte doit changer de camp. C'est aux élites d'avoir honte… »

Il ne les a pas vus venir, mais les a-t-il compris depuis ? De quoi les Gilets jaunes sont-ils le nom ? Que signifie ce mouvement social d'ampleur qui l'a très vite pris pour cible ? Emmanuel Macron, en cette matinée de début d'année 2019, livre son analyse : « *Le déclencheur est la hausse du prix du carburant, c'est-à-dire un élément de pouvoir d'achat. Mais le terreau de ce mouvement, c'est le sentiment qu'éprouvent beaucoup trop de Français de subir leur vie, d'être empêchés de pouvoir vivre comme ils le souhaitent, de subir trop de contraintes.* » Ce constat, il estime qu'il fut le déclencheur de son entrée en campagne.

Le Président a observé ce mouvement. Il a lu, a regardé, s'est fait raconter. « *Pourquoi ces gens-là sont dans la rue ? Pourquoi sont-ils désespérés ? Parce que dans notre pays, l'école ne permet plus de réussir, parce qu'on a peur que ses enfants accumulent les difficultés. Parce que le travail ne permet plus de vivre dignement. Parce que quand on a fini le travail, on doit à la fois aider les parents et les enfants.* » Et Macron d'asséner : « *Ils ont raison.* » Il nuance sa part de responsabilité : « *Mais cela ne peut pas être inversé en dix-huit mois. La raison de leur impatience est la même qui fonde mon engagement politique profond.* »

Les Gilets jaunes passionnent les Français. Ils questionnent le Président. « *C'est le premier mouvement social d'ampleur dont le vecteur est les réseaux sociaux. C'est inédit.* » Les réseaux sociaux avec leurs mauvais côtés. Pour lui, l'anonymat parfois qui désinhibe, le flot de fausses informations qui ne sont pas vérifiées. Le Président a gardé une adresse e-mail personnelle, qu'il donnait largement quand il était ministre. Il lit ce qu'il reçoit, il est fasciné par les « boucles mails » qui charrient toutes sortes de rumeurs.

Mais les Gilets jaunes sont plus que ça. Ils viennent de loin. Emmanuel Macron leur reconnaît une part « *profonde* » : « *Il y a quelque chose qui s'exprime, et qui ne m'inquiète pas. Pas plus d'ailleurs que la part sincère, si je puis dire, ou profonde, des Gilets jaunes. Je pense que cette dimension est positive. Je pense que c'est le ferment de quelque chose qui est très fort. Parce qu'il y a beaucoup de gens qui s'étaient éloignés de la vie politique, de l'expression politique, et qui y reviennent, ou qui y viennent pour la première fois. Ils parlent. Je pense que c'est sain, c'est bien et c'est fort.* » C'est bien. Et c'est fort.

Le Président a sa propre grille de lecture de cette révolte : « *Pour moi, la réalité sociale qu'exprime le mouvement des Gilets jaunes est qu'il y a beaucoup de gens qui avaient honte de leur vie, de ne pas parvenir à s'en sortir malgré leurs efforts. Et maintenant, c'est nous qui devons avoir honte. C'est nous qui devons avoir honte que l'effort et le travail ne permettent pas toujours, en France, de mener une vie digne et heureuse.* » Honte. Le mot est fort. Choisi. Il insiste : « *C'est honteux qu'une femme qui élève seule ses enfants et qui travaille ne puisse pas vivre dignement. C'est un gigantesque échec collectif.* » Collectif et personnel. « *J'en prends ma part. Mais j'ai encore trois ans pour changer cela.* » Emmanuel Macron en est certain : « *La honte doit changer de camp. C'est aux élites d'avoir honte que des gens puissent travailler sans réussir à s'en sortir.* » Aux élites d'avoir honte d'avoir délaissé le peuple.

« Maman, je ne savais pas que je connaîtrais la révolution. »

C'est le grand jour, celui du premier acte des Gilets jaunes, celui où ils vont enfin savoir s'ils sont suivis, s'ils peuvent vraiment bloquer le pays, s'ils ont une chance de faire plier le pouvoir. Eux qui ne se connaissent que par Facebook, eux qui préparent cette journée depuis des semaines sur les réseaux sociaux vont enfin sortir du virtuel.

Céline Gravade s'est jetée tout de suite dans le mouvement : « *Il y a des choses qui ne vont pas bien et c'est l'une des premières fois où l'on peut s'exprimer. C'est important. Habituellement, on n'a pas le droit de s'exprimer. Jamais.* » Pour elle, Facebook est « *un réseau social de gens du peuple. On n'est pas instrumentalisé par les médias. On a le droit d'y mettre ce que l'on veut et il n'y a pas de jugement sur la façon dont on parle. Je me suis sentie libre.* » Assistante de vie à Fréjus depuis vingt ans, Céline s'occupe de personnes handicapées ou « vieillissantes » et se déplace en voiture. « *Cette taxation sur l'essence, c'est juste ignoble. C'est la goutte d'eau qui a fait déborder le vase. Il faut arrêter de taxer, taxer, taxer.* » À 48 ans, elle élève seule sa fille cadette de 14 ans. Ses deux aînés, de 26 et 22 ans, ont fait leur vie. Elle doit tout compter, « *il me reste 300 euros à la fin pour vivre avec ma fille. Il faut que je mange pour le mois, que je paie mon essence, que je puisse éventuellement acheter des vêtements pour ma fille, et si on a besoin d'aller chez le médecin, qu'on paie le médecin. Pour payer nos lunettes, à ma fille et moi-même, j'ai dû prendre un crédit à la consommation de 700 euros.* » Alors elle économise sur la nourriture. « *Le midi elle mange à la cantine, moi je mange chez mes patients. Et comme ça nous n'avons qu'un repas le soir, et c'est une soupe chinoise qui coûte 0,70 euro.* » Elle en a des stocks dans ses placards. Céline gagne 2 000 euros par mois, mais, en instance de divorce depuis cinq ans. elle doit rembourser l'intégralité des traites de l'appartement, car son ex-mari ne paie plus sa part. Elle a essayé de négocier un étalement des mensualités avec sa banque. Refus. « *Il nous faut l'accord de Monsieur.* » « *"Madame, continuez à mourir, mais ce n'est pas grave." Voilà le message que j'entends.* » Elle se sent au bord du précipice. Elle doit 12 000 euros de charges à la copropriété, son ex-mari ne les paie pas non plus. Si elle ne les a pas remboursés d'ici juillet, son appartement sera saisi. « *Aujourd'hui j'ai besoin de 20 000 euros. Aucune banque n'a voulu me les prêter.* » Avec ce mouvement, Céline a compris qu'elle n'était pas seule, qu'autour d'elle, beaucoup n'en pouvaient plus. Elle a mis son gilet jaune et elle est partie sur les ronds-points. « *J'ai eu besoin de parler, quand on nous a dit : "On va vous augmenter le gasoil." Je ne peux pas. Je vais vivre de quoi ?* » Elle ne peut plus. « *Et vous avez un gouvernement qui reste muet à tout ça. Et dit : "On tient le cap." Moi je ne peux plus le tenir, le cap. On n'y arrive plus à tenir le cap. Et ce n'est pas un cap personnel. Il y en a 50 000 autour de moi. Nos situations sont similaires. Tout le monde est dans la même misère.* » Eux vont mal et « en haut », ils vont bien. Le bas contre le haut. Le peuple contre l'élite. La révolte jaune des classes moyennes et populaires. Dès le début. « *Vous avez aussi des politiques qui nous demandent de nous serrer la ceinture, mais qui ne montrent pas du tout l'exemple.*

Au contraire, ils dépensent, dépensent. L'exemple doit venir d'en haut aussi. » Cet acte I, Céline le passe à L'Isle-sur-la-Sorgue. « *Partout, sur les ronds-points il y a des Gilets jaunes, c'est formidable.* » Pour elle, la première journée formidable peut commencer. La révolte jaune est en marche. La bataille des ronds-points commence.

De l'autre côté de la France, à Fleury-sur-Andelle, dans l'Eure, petite commune de moins de 2 000 habitants, Fabien s'installe sur son rond-point. Avec son gilet jaune. « *Au départ, c'est le pouvoir d'achat. Le déclencheur, c'est les taxes sur l'essence. C'est la goutte d'eau qui a fait déborder le vase. On a atteint un point de non-retour. Les gens n'en peuvent plus.* » Dans ces villages normands, la vie tourne autour de la bagnole. « *On est en campagne. Malheureusement pour aller travailler, on n'a pas le choix. De toute façon, dans le coin, si t'as pas de voiture, tu ne bosses pas. Pour la bouffe, pour les gamins, pour aller à l'école, on prend la voiture. En campagne, c'est con, mais pour le moindre petit déplacement tu es obligé d'avoir la voiture. Sans voiture, pas de boulot, et sans boulot, t'as pas de voiture. Tu vois un peu le cercle vicieux ?* » Un autre, charpentier : « *Vélo, mobylette, scoot, voiture, il faut te déplacer. Sans voiture, les gens sont vraiment dans la galère. Si on t'a retiré ton permis, tu es vraiment dans la galère. Sans voiture, comment tu fais ? Y en a marre de tout ça.* » Un autre pilier du rond-point abonde : « *En pleine campagne, sans voiture, tu ne peux rien faire. Ils nous empêchent de travailler. On ne peut plus payer l'essence, donc on ne peut plus aller travailler.* » Dès ce samedi, Yohann est là. À 23 ans, « *boulanger en CDI* », il vient « *contre les taxes, le prix des carburants, pour les handicapés, les Smicards* ». Et dès que son boulot le lui permettra, il reviendra. Toute la journée, Fabien et ses nouveaux amis vont rester et discuter avec les automobilistes qui passent… et qui ont mis un gilet jaune sur leur tableau de bord. Ceux qui n'en ont pas mis sont encouragés à le faire. L'ambiance est paisible. Fabien comprend qu'il a trouvé sa voie. Il ne va plus partir. « *J'ai 28 ans. Je suis au chômage, je suis intérimaire dans une usine, Macron me paie pour tenir le rond-point.* »

Dès le matin, Céline Calu occupe celui du « *Leclerc à Menneval* », dans l'Eure. Depuis trois semaines, celle qui cumule deux boulots à temps partiel, l'un chez un pisciculteur, l'autre dans une association, prépare les blocages à Bernay. Avec d'autres, elle a distribué des tracts sur les marchés pour appeler au blocage des cinq ronds-points de la ville. « *Ça fait longtemps que j'attendais qu'il se passe quelque chose.* » Alors quand une amie lui a envoyé une vidéo sur Facebook qui parlait du 17 novembre, elle s'est renseignée et a rejoint le groupe qui était en train de se monter sur sa ville. Mère de deux enfants (sa fille travaille, son fils de 20 ans est en BTS), elle se déplace en voiture (l'un de ses emplois est à 10 km de chez elle, l'autre à 20 km), mais « *s'il n'y avait eu que le gasoil, ça ne m'aurait pas emportée* ». Avec ses deux emplois, elle gagne 1 250 euros par mois. « *Je suis contre l'injustice. Je ne me bats pas pour moi, mais pour les autres. J'ai un petit salaire, mais je dépense très peu, je consomme très peu.* » Dès le début, « *on parle de la hausse du gasoil et de l'ensemble des taxes* ». Les blocages des cinq ronds-points sont très organisés, « *toutes les manifestations ont été déclarées* ». Céline avait insisté pour que le mouvement soit local. « *Je suis très écologiste, je ne voulais pas dépenser beaucoup de gasoil.* » Devant le Leclerc, Céline et ses amis « *filtrent* ». « *On laisse passer les gens, on se montre. On discute. C'est bon enfant.* »

Pas très loin, sur le rond-point des Vaches à Saint-Étienne-du-Rouvray, dès 8 heures, 300 personnes, gilet jaune sur le dos, filtrent les voitures qui arrivent. Dans cette ville communiste, les mouvements sociaux ont une histoire. Les générations se mêlent dès le matin. Et la troupe grossit heure après heure : à midi, elle a doublé. Et déjà apparaissent les premiers signes que ce mouvement n'est pas comme les autres. Le photographe Jean-Pierre Sageot comprend l'inédit : « *Il y a beaucoup de drapeaux bleu-blanc-rouge, des identitaires. C'est flippant. Mais en même temps, on sent que c'est enthousiasmant. Les gens sont sortis de chez eux, ils se rencontrent. Ils se découvrent une nouvelle famille. Politiquement, on trouve de tout, des gens qui votent FN, des gens qui n'ont jamais voté, des CGT, des complotistes.* »

En parallèle se joue la « bataille des centres commerciaux », dont les Gilets jaunes veulent perturber les entrées en ce jour d'affluence. Le très grand centre commercial de Tourville-la-Rivière est une cible rêvée : énorme, de très nombreuses entrées, il est difficile à bloquer. Mais « Tourville », comme ils l'appellent tous, est un symbole, celui de ces vies qui tournent autour des voitures, de ces zones périphériques organisées autour des centres commerciaux, de ce monde qui a changé. Alors les Gilets jaunes se donnent rendez-vous tôt et filtrent les passages. Ils n'en reviennent pas de se voir si nombreux. Dans la matinée, les forces de l'ordre arrivent et chargent pour débloquer les entrées du centre commercial. Une femme est là avec sa fille ado et sa mère. Trois générations qui entrent en mouvement. L'ado confie à sa mère : « *Maman, je ne savais pas que je connaîtrais la révolution.* »

Chantal Mazet a enfilé son gilet jaune, elle manifeste pour la première fois de sa vie. Elle qui habite à Domessin, en Savoie, a choisi le rond-point de Pont-de-Beauvoisin. À 63 ans, elle vient de prendre sa retraite et sent que son niveau de vie va baisser. Elle est inquiète pour ses quatre enfants et ses petits-enfants. À 10 heures, une conductrice est bloquée dans ce barrage filtrant. Elle dira qu'elle devait emmener sa fille chez le médecin et que « *des personnes ont tapé sur sa voiture,* [elle a] *paniqué et accéléré* ». Elle fonce et tue Chantal Mazet.

Deux heures après le début du mouvement, une Gilet jaune est morte. D'autres drames suivront. Christophe Castaner apprend ce premier décès place Beauvau. « *On pense objectivement que le mouvement va s'arrêter net.* » Mais non. « *La violence commence dès le premier samedi, à 10 heures. Quand une femme meurt. Jamais un mouvement social, même Mai 68, n'a tué autant de gens.* » Les Gilets jaunes sont un mouvement inorganisé, horizontal, protéiforme. Les blocages, les occupations de ronds-points, les manifestations ne sont presque jamais déclarés préalablement en préfecture. Dès la mort de Chantal Mazet, le ministre de l'Intérieur prend « *la première des décisions, mobiliser énormément de force pour dire : "Allez sur place et sécurisez les manifestants eux-mêmes." On a mis une énergie de dingue à sécuriser les manifestants. Je veux bien le procès porté par les gauchistes de service sur la violence policière. Mais notre première mobilisation est de mettre un maximum de force – ce qui nous coûte énormément – pour sécuriser les différents sites. On met en amont des gendarmes qui disent : "Ralentissez."* »

La veille de cet acte I, le ministère de l'Intérieur active une « cellule nationale de suivi » qui va remonter les informations plusieurs fois dans la journée en ce samedi. Des « points de situation » sont établis, à partir notamment des préfectures, de la direction de la Police nationale, de la direction de la Gendarmerie nationale, de la préfecture de police de Paris. Nombre de manifestants, nombre de blocages, nombre de blessés, nombre d'interpellés, nombre de gardés à vue, nature des incidents, ambiance des manifestations, tout est consigné et revient au cabinet du ministre. À 8 heures, ce 17 novembre, cette note dénombre « 14 997 manifestants, déployés sur 431 actions sur tout le territoire ». Dès ce premier jour, les Gilets jaunes vont contester ces chiffres et crier à la « sous-estimation ». À 11 heures, le point de situation de l'Intérieur comptabilise « 123 978 manifestants déployés sur 1 265 actions sur tout le territoire, dont 571 blocages ». Il note « 1 accident grave en Savoie : une conductrice a paniqué et roulé sur une manifestante de 63 ans qui est décédée. Quarante-sept blessés, dont 3 graves ».

Ghislain Coutard est ébahi. Tout le monde a repris son idée. Dès le matin, sur les ronds-points à Narbonne, il voit des Gilets jaunes. Ce samedi, c'est un peu sa journée. « *Je suis actif comme jamais. Je me suis mis une double ration. J'ai tenu des points de blocage filtrant. On laissait passer les gens.* » Mais certains sont plus intransigeants. Et veulent bloquer les automobilistes. Dès ce samedi, Ghislain comprend que le mouvement est divers et que c'est sa force. « *Chaque Gilet jaune a sa colère. Ceux qui sont déjà tout en bas, qui crèvent la faim, sont encore plus en colère. C'est ingérable. On est obligé de laisser faire, de s'adapter à la colère de chacun.* »

Antonio Barbetta se définit comme « *Gilet jaune dans l'âme depuis toujours* ». Intérimaire « *chargé de clientèle* », payé au SMIC, « *9,88 euros bruts de l'heure quand je bosse* », il habite à Compiègne avec sa fille. « *J'en ai marre de survivre, marre de me réveiller le matin pour aller bosser et ne pas arriver à vivre. J'ai 40 ans, je n'ai pas envie que ma fille de 14 ans vive comme moi, ou plutôt moins bien que moi.* » Il entend parler des Gilets jaunes par Facebook. « *Je suis apolitique, je n'ai jamais eu de carte d'électeur. Mais je voulais être de ce mouvement.* » Il s'engage. À fond. « *J'effectue une opération escargot et une opération ralentissement contre un supermarché Auchan à Noyon.* » Heureux. « *C'est vraiment bon enfant. Sur le barrage filtrant, les automobilistes klaxonnent, nous amènent des pains au chocolat. C'est sympa.* » Ce mouvement lui plaît. Il va continuer.

C'est le premier jour du mouvement. « Jour de manif », comme disent les habitués. Jean-Luc Mélenchon est de ceux-là. L'Insoumis suit depuis des semaines cette mobilisation. Elle le ravit. Elle est inédite, mais il l'attend depuis si longtemps. Il le reconnaît : « *On est à l'affût. On est persuadé depuis le début du quinquennat qu'il n'y a pas de base sociale pour ce que fait le Président et qu'il est là par effraction, comme il l'a dit lui-même. Donc il y a une température sous-jacente. Nous-mêmes avons essayé à différentes reprises, de différentes manières, de créer le point de passage.* » Ce « point de passage », ce sont les Gilets jaunes qui l'ont ouvert. Loin des politiques, loin des syndicats. Mélenchon aime bien ce mouvement. Il le regarde de près depuis des jours. François Ruffin est à fond, il lui a parlé de ses électeurs de Flixecourt, de celles et ceux qui sont depuis ce matin sur les ronds-points. Mélenchon sent que les Gilets jaunes peuvent aller loin. Les réticences de la CGT, les atermoiements d'une partie de la gauche le laissent perplexe. « *Je ne comprends pas qu'ils ne comprennent pas que ce truc est explosif, qu'on a affaire à des gens qui jouent l'essentiel. Ce n'est pas une construction idéologique. C'est juste que comme ils ne se déplaceront pas moins, ils vont manger moins.* » Aujourd'hui, il va aller au rassemblement parisien. « *Dans ma vie, j'ai toujours été à la manif, donc je vais à la manif.* » Ce samedi, un groupe de 50 Marseillais vient visiter l'Assemblée nationale avec lui. Et comme ce sont des militants, dans l'après-midi, ils lui disent : « *On va à la manif maintenant.* » « *Nous voilà partis de l'Assemblée à la Concorde, c'est à côté. On traverse les rangs de CRS, les policiers sont étonnés avec ma bande dont l'un traîne une valoche.* » Le député et ses Insoumis marseillais arrivent place de la Concorde. Quelques manifestants se mettent à crier : « *Mélenchon*

Président. » Il sait bien que ce n'est pas le mot d'ordre des Gilets jaunes, que ces cris risquent de créer des tensions. Il ne va pas s'attarder. « *On reste vingt-cinq/trente minutes. L'ambiance est bizarre. Des gens vont et viennent, certains déplacent des barrières Vauban.* » Mélenchon croit que ce sont des Insoumis, il leur dit d'arrêter. Mais l'un lui répond : « *Je t'ai rien demandé.* » Ils ne sont pas Insoumis et font ce qu'ils veulent. Ce n'est pas l'ambiance des manifestations habituelles. Le public n'est pas le même. « *Je ne reconnais pas le genre de gens que je vois d'habitude.* » Les attitudes sont différentes : pas de cortèges organisés, pas de meneurs qui ouvrent la voie, des petits groupes éparpillés dont certains avanceront bientôt vers l'Élysée si proche. D'autres s'engouffrent vers la Madeleine. Mélenchon et les siens essaient de partir par la rue de Rivoli. Mais tout est compliqué, « *il y a beaucoup de barrages* », des gens se regroupent autour d'eux. L'Insoumis repart vers l'Assemblée. « *J'ai eu le temps d'être dans cette ambiance étrange, qui est la signature de tout ce mouvement. C'est le seul moment physique où je me rends compte de cela.* »

Marine Le Pen, elle, a choisi de ne pas venir manifester. Elle soutient le mouvement, mais ne participe pas aux mobilisations. Elle a prévenu quelques jours auparavant sur France Inter : « *Moi j'assume ma position. Encore une fois, je respecte aussi le caractère apolitique de cette manifestation* […] *La place d'un chef de parti n'est pas au sein des manifestations.* »

Le point de situation de l'après-midi comptabilise « estimation 282 710 manifestants déployés sur 1 849 points de manifestation sur tout le territoire ». Le bilan est de « 1 DCD/227 blessés, dont 6 gravement » côté Gilets jaunes. Cinq policiers et 4 gendarmes sont blessés « légers ». Dans les « incidents à signaler depuis 14 heures », on note qu'à Troyes « plusieurs dizaines (de manifestants) ont pénétré dans la préfecture. Préfet légèrement bousculé ». Et à « 17 h 10, à Paris, environ 2 000 manifestants, sommations ». Des groupes de manifestants ont en effet été repoussés, rue du Faubourg-Saint-Honoré… à moins de 200 mètres de l'Élysée. Les images de ces Gilets jaunes si près du palais présidentiel sont diffusées en direct sur les chaînes d'information en continu. Elles marquent les esprits.

Céline Gravade repart de L'Isle-sur-la-Sorgue. Et sur la route, partout des Gilets jaunes. « *À Salon-de-Provence, c'était énorme. Aix-en-Provence, c'était énorme. Quand j'arrive sur Brignoles, des gens jouent de la guitare. C'était superbe.* » Une telle journée, elle n'y croyait pas. « *On sent un élan de solidarité qu'on n'a plus vu…* » Elle essaie de se souvenir depuis quand, se reprend : « *Je crois que je n'ai jamais vu ça.* »

François Hollande devait aller en Corrèze ce jour-là, puis prendre la route de Bordeaux. Dès qu'il a entendu parler de cet acte I des Gilets jaunes, il a changé ses plans. Tant pis pour la Corrèze. Il va directement à Bordeaux, où il assiste aux cinquante ans de vie parlementaire de Philippe Madrelle. « *J'arrive en fin de journée, la mobilisation a été forte, il y a des Gilets jaunes un peu partout sur les routes que j'emprunte.* » Interrogé par la presse sur ce mouvement naissant, l'ancien Président plaide : « *La meilleure des solutions est une rencontre avec les partenaires sociaux, les syndicats, les ONG d'environnement sur le prix des carburants.* » Pour lui, « *face à un mouvement inorganisé sur la question du prix des carburants et du pouvoir d'achat, le mieux c'est d'en discuter avec les syndicats et les grandes associations de défense de l'environnement. On est encore dans la suite de la démission de Nicolas Hulot* ».

À 20 heures, le ministère de l'Intérieur comptabilise « estimation 84 107 manifestants pour 1 110 points de manifestation sur tout le territoire ». Outre la mort de Chantal Mazet, « 388 » Gilets jaunes sont blessés, « dont 12 gravement ». Un policier est blessé « grave », et 15 le sont légèrement. Onze gendarmes sont légèrement blessés. Deux cent quinze personnes ont été interpellées, dont 116 ont été placées en garde à vue. L'acte I se termine.

Céline Calu quitte son rond-point et va sur celui de la Malouve. Avec d'autres Gilets jaunes, ils décident d'y passer la nuit. Trois ronds-points ont été abandonnés en fin de journée, mais sur Bernay, deux occupations se poursuivent toute la nuit et le lendemain. Ils sont contents de leur journée, même s'il y a eu un accident grave (un automobiliste a forcé un barrage et heurté un Gilet jaune). À la Malouve, un abri a été monté, une table installée, de la nourriture apportée. Première nuit en jaune pour Céline : « *On a dormi dans nos véhicules.* » Ce n'est qu'un début.

À Fleury-sur-Andelle, l'occupation du rond-point s'organise petit à petit. Bientôt une caravane sera là pour que Fabien et ses amis puissent y dormir. Une cabane sera montée, « *avec un groupe électrogène* ». « *Une cabane 3 étoiles »,* dira-t-on chez les Gilets jaunes de la région. Et une potence en bois trônera. Au bout d'une corde, un pantin ceint d'un gilet jaune. Sa tête sans visage a été pendue, elle n'est pas complètement décapitée. Le long de son cou, un peu de peinture rouge singe le sang. Comme un air de révolution. Le peuple se révolte. Il s'est approché de l'Élysée. Mais Emmanuel Macron n'est pas là. Il passe son week-end à la Lanterne. Loin du tumulte parisien.

« Le Premier ministre me ferme la porte au nez. »

Il est inquiet. Il n'a pas voulu que la CFDT soutienne « *ces blocages, dont tout le monde a compris qu'ils sont récupérés politiquement pas l'extrême droite* ». Mais le syndicaliste réformiste sent que la mobilisation sera forte. Il aimerait qu'elle trouve un débouché. Laurent Berger envoie, le 15 novembre, un SMS à Emmanuel Macron : « *Ce ne serait pas inutile de se parler.* » Pas de réponse. Première alerte. Le patron de la CFDT sait que de très nombreux Français sont obligés de prendre leur voiture pour vivre et travailler, que la hausse des taxes sur le prix du carburant est devenue insupportable pour de multiples foyers, mais il ne veut pas que la transition écologique passe par pertes et profits.

Le 17 novembre, il n'est pas dans la rue avec les Gilets jaunes, mais à un congrès syndical. Il profite de cette tribune pour dire publiquement ce qu'il aurait dit au Président si celui-ci l'avait rappelé. Il l'écrit sur Twitter pour que le message passe bien. « *J'appelle Emmanuel Macron et Édouard Philippe à réunir très rapidement les syndicats, les organisations patronales, les associations pour construire un pacte social de la conversion écologique.* » Une main tendue au pouvoir. Le patron de la CFDT imagine cette proposition « *pour trouver une sortie face à un mécontentement lié à la taxation du carburant, sans renoncer à la transition écologique. Il faut trouver des solutions* ». Mais pour élaborer un pacte, il faut avoir des interlocuteurs.

Tout au long de la journée du 18 novembre, Laurent Berger discute « *avec le conseiller social du Président et des conseillers à Matignon* ». Le feu est plutôt vert. « *Pourquoi pas ?* » « *C'est sans doute une bonne idée.* » Voilà ce qu'on répond au patron de la première centrale syndicale. Dany Cohn-Bendit est très favorable à ce Grenelle qui ne dit pas encore son nom. Il doit aller sur le plateau de LCI en fin d'après-midi, il échange avec son ami Emmanuel Macron. Et comprend que le pouvoir va accepter la main tendue. Il en est sûr : « *Tout le monde discute, Macron est OK.* » À la télé, Cohn-Bendit affirme qu'il faut accepter la proposition de Berger.

Pendant ce temps, à Matignon, Édouard Philippe, qui doit parler au 20 heures de France 2, prépare l'émission avec des ministres (Benjamin Griveaux, Marc Fesneau, Gérald Darmanin) et son cabinet. « *La ligne, c'est : "On tient, la ligne est bonne." On croit à la fiscalité écologique. On assume la fermeté. Le recul n'est pas un mot qu'on apprécie beaucoup. Forcément, c'est un peu droit dans les bottes, fermé* », admet Matignon. Durant ce brainstorming, ils imaginent les réponses que le Premier ministre donnera sur le plateau. C'est le but de cette séance. Que répondre à Laurent Berger ? Édouard Philippe ne veut pas braquer les Gilets jaunes qui sont hostiles aux syndicats, il a en tête ses électeurs du Havre qui ont du mal à vivre de leur travail. « *Si je leur dis : "On va faire un grand barnum avec les syndicats", ils ne vont pas comprendre. Je les connais.* » En marche vers le premier rendez-vous manqué. Celui avec la CFDT.

Il est un peu plus de 20 heures lorsque Laurent Delahousse demande : « *Quand Laurent Berger, leader de la CFDT, appelle à une réunion des syndicats, des associations pour construire un pacte social de la conversion écologique, vous lui répondez quoi ce soir ? Oui, on se met autour de la table ?* » Édouard Philippe : « *Je lui dis ce que je lui dis régulièrement : "Toutes les bonnes idées sont à prendre, toutes les bonnes volontés sont utiles." J'entends ce qu'il a à proposer. Je ne crois pas que ce que demandent les Gilets jaunes soit une grande conférence avec les responsables politiques et des responsables syndicaux.* » Les bonnes idées à prendre… ou plutôt à laisser. Laurent Berger est surpris. « *Le Premier ministre se prend les pieds dans le tapis, il me ferme la porte au nez.* »

Quelques minutes plus tard, Dany Cohn-Bendit attend Philippe Grangeon pour dîner. Grangeon est un ami du Président, un de ceux qui lui soufflent à l'oreille. Il vient de la gauche politique et syndicale, de la CFDT précisément, où il a notamment dirigé la communication de Nicole Notat quand elle était la patronne du syndicat. Cohn-Bendit fulmine. Il balance d'emblée à son convive : « *Qu'est-ce que c'est que cette histoire ?* » Grangeon, qui n'a pas vu le 20 heures, n'en revient pas : « *Mais c'est pas possible. Pourquoi ça a merdé ?* » Il se met à passer des coups de fil. Trop tard. Le mal est fait.

Dany Cohn-Bendit l'admet : « *À partir de là, c'est une cavalcade d'erreurs.* » À Matignon, on comprend vite que cela va laisser des traces, en particulier dans la majorité. « *Avec cet épisode Berger, il a rajouté à son image de gardien des comptes la fermeture. Il va créer le malentendu "Il est Juppé". Il va ramer plusieurs semaines pour reconstruire, pour expliquer qu'il n'est pas raide, fermé. C'est d'autant plus con qu'il a toujours discuté avec les syndicats et qu'il le fait encore.* »

Le lundi 19 novembre, Édouard Philippe appelle Laurent Berger pour s'excuser. « *Je ne voulais pas fermer la porte.* » Il appelle également d'autres leaders syndicaux comme Philippe Martinez, le patron de la CGT. Le Premier ministre essaie de renouer le dialogue. La solution est simple pour le leader de la CFDT : « *Si c'est un plantage de com, ça se répare immédiatement. Or ils ne le font pas.* » Et ne le feront pas. Ce même lundi, Berger reçoit la réponse de Macron à son SMS d'il y a quatre jours : « *On le fera.* » Et rien ne se passe. Les syndicats en général et la CFDT en particulier ne seront pas les interlocuteurs du pouvoir pour trouver des solutions aux Gilets jaunes. Qui – il est vrai – ne l'ont jamais demandé.

Des semaines plus tard, Laurent Berger est toujours amer. « *Je regrette que, face à une situation sociale très tendue qui se transforme en crise démocratique, on ne s'appuie pas sur les syndicats, les organisations démocratiques, les élus, pour régler les problèmes et recréer de la cohésion sociale.* » Face aux Gilets jaunes, Emmanuel Macron n'a jamais vraiment voulu discuter avec les syndicats, ces corps intermédiaires qu'il n'a jamais franchement appréciés. « *Il tient à la grammaire institutionnelle qu'il a installée à l'égard des syndicats, de tout mouvement social* », justifie un intime du chef de l'État. Laurent Berger accuse : « *Il n'y a jamais eu de discussion. Ma proposition du 17 novembre tient toujours. J'appelle ça le Grenelle du pouvoir de vivre. On peut l'appeler autrement. Ce Grenelle n'est toujours pas à l'ordre du jour. Il n'y a pas de volonté de coconstruction. Dès mai 2017, j'écrivais dans* Le Monde *: "Il faut partager le pouvoir, faire avec les corps intermédiaires." Donc je ne suis pas surpris. Même si ça a pris une ampleur incroyable.* »

L'année 2019 vient à peine de commencer. Emmanuel Macron accepte de revenir sur ce rendez-vous manqué avec la CFDT : « *La réponse du Premier ministre n'est pas une fermeture de porte. Il considère seulement que ce n'est pas la réponse première, et il a raison. Nous avons d'abord rétabli l'ordre public.*

Et nous avons ensuite lancé le débat. » Et celui qui a été inflexible face aux cheminots au printemps 2018, celui qui ne leur a rien concédé justifie ainsi a posteriori de ne pas avoir saisi la main tendue du syndicat réformiste : « *Au plus gros de la mobilisation physique des Gilets jaunes sur le terrain, on est à une mobilisation qui est plus faible que la plus petite mobilisation contre la réforme de la SNCF. Ce qui est nouveau dans ce mouvement, c'est qu'il n'est pas considéré par des corps intermédiaires et des syndicats.* » Donc ce n'était pas la peine de discuter avec les syndicats pour apaiser la révolte jaune. Et Emmanuel Macron va même plus loin : « *Je souris quand on fait de moi le fossoyeur des corps intermédiaires, car ils ne m'ont pas attendu pour s'affaiblir, et ils ont d'ailleurs historiquement toujours été plus faibles en France que dans d'autres démocraties.* » Pour lui, les semaines jaunes ont accentué cette spécificité française : « *Le pays et au premier chef les médias ont détruit les corps intermédiaires durant cette crise. Ils ont dit : "M. Trucmuche, parce qu'il a un gilet jaune, est aussi représentatif, et peut-être plus sincère, qu'un maire ou un leader syndical." Il n'y a plus aucune reconnaissance de la représentation ni hiérarchisation du point de vue. Je pense que cela a révélé une vraie crise aussi du pouvoir médiatique. J'ai fait mon mea culpa. Mais les journalistes aussi doivent le faire.* »

« Je ne vois pas au nom de quoi… j'irais voir les Gilets jaunes. »

L'idée a germé au lendemain de l'acte I. Quand Christophe Castaner en parle le lundi 19 novembre à Emmanuel Macron, « *il est plutôt favorable* ». Il trouve que c'est « *une super idée* ». L'idée ? Que le Président aille sur un rond-point discuter avec des Gilets jaunes, le vendredi 23 novembre, la veille de l'acte II. Le ministre de l'Intérieur veut que le chef de l'État « *voie des Gilets jaunes et des vrais* ». « *C'était nécessaire à ce moment-là. Il fallait qu'il y ait une rencontre sur le terrain, qu'il aille vers eux. Recevoir, c'est différent. On avait identifié un rond-point où les choses s'étaient passées correctement. Pas un rond-point hystérique comme il y en avait eu le 17. Il arrivait en voiture, il sortait de la voiture.* » Et Emmanuel Macron se serait mis à discuter avec ces Français révoltés, ces Françaises et ces Français qui n'arrivent pas à vivre de leur travail.

Tout était prêt. Le lieu avait même été choisi. « *On cherchait pas très loin de Paris, à une heure. L'Eure nous semblait un bon point de chute. S'il était à la Lanterne ce week-end-là* », se souvient Christophe Castaner. Pour éviter les fuites et pour ne pas affoler la sécurité, le préfet du département est juste prévenu que le ministre de l'Intérieur viendra sur le rond-point le vendredi soir. Le déplacement secret est monté avec le secrétaire général de l'Élysée, Alexis Kohler. Tout est prêt : « *L'idée, c'était qu'il y aille sans presse, avec une vidéo interne. Des Gilets jaunes qui filment et diffusent eux-mêmes sur les réseaux. Qu'il aille leur parler* », raconte Castaner.

À la dernière minute, Emmanuel Macron dit non. Le ministre de l'Intérieur l'avoue : « *Je ne sais pas pourquoi.* » Celui qui a dû gérer les multiples samedis de mobilisation des Gilets jaunes de plus en plus en colère contre « le silence de Macron » semble regretter cette annulation. « *Pourtant il ne se serait pas fait insulter, car il y aurait eu un effet de sidération. Il les aurait rencontrés et leur aurait parlé. Je pense qu'aucun ne l'aurait engueulé ou agressé. Il aurait été bousculé.* » Au gouvernement, certains sont rétrospectivement soulagés par cette non-rencontre. « *Ça aurait été une erreur que le Président les voie à ce moment-là. Le risque Léonarda était trop fort. Franchement j'aurais très mal vécu un truc comme ça, qui aurait pu me faire faire des bêtises "bulotistes"* », soupire un ministre.

Emmanuel Macron n'a pas justifié son choix quand il a fait annuler cette possible rencontre. Lorsque, plus tard, nous lui demandons pourquoi il n'est pas allé discuter avec des Gilets jaunes ce 23 novembre, le Président répond : « *J'ai toujours respecté les règles qui veulent que les représentants d'un mouvement social soient reçus par leurs interlocuteurs habituels : les ministres, voire le Premier ministre (qui a d'ailleurs reçu les Gilets jaunes). C'est comme cela que fonctionne notre démocratie sociale, et je refuse de la remettre en question à des fins de communication.* » Fin de non-recevoir donc. Sur les ronds-points, dans les cortèges, partout celles et ceux qui ont enfilé le gilet de sécurité ont reproché à Emmanuel Macron son silence : « *Il ne nous parle pas.* » « *Il nous méprise.* » « *Il s'en fout de nous.* » « *Il vit dans son monde, loin du peuple.* » Les rencontrer aurait pu désamorcer ces critiques, apaiser. Emmanuel Macron ne le croit pas. « *Ça aurait seulement affaibli l'exécutif, tous les ministres qui les ont reçus. À tous les parlementaires de le faire. Au Premier ministre de le faire dans le cadre des consultations. Mais je ne vois pas au nom de quoi, alors que je n'ai pas vu les partis politiques et les corps constitués, j'irais voir les Gilets jaunes.* » Peut-être justement parce qu'il aurait aussi dû voir ce « vieux monde ». Et peut-être tout simplement parce que, sur ce rond-point de l'Eure, il aurait rencontré des Françaises et des Français. Portant un gilet jaune. Les Français, Emmanuel Macron affirme les voir sans cesse en déplacement : « *Je ne me suis jamais calfeutré, contrairement à ce qui était dit par les oppositions politiques, parfois relayées par la presse. Je suis le Président qui s'est le plus exposé, qui a passé le plus de temps en dehors de Paris en dix-huit mois.* » En dehors de Paris. Mais loin des Gilets jaunes.

« Monsieur, vous pissez le sang, vous pissez le sang ! »

Cela fait vingt ans qu'il n'a « *pas mis les pieds* » à Paris. Mais ce samedi-là, il ne le manquerait pour rien au monde. Mécanicien poids lourd à Marseille, Thierry n'était pas Gilet jaune la semaine précédente. « *Je n'y ai pas cru. Une colère d'un jour ça ne sert à rien. Pour moi, il faut bloquer. Bloquer toute la semaine. Bloquer tout le pays.* » Ce père de trois enfants qui vit dans les quartiers nord est un révolté « *né en mai 68* ». Et peu à peu, il est devenu Gilet jaune. « *J'ai basculé, il y a quelques jours, quand j'ai entendu qu'ils interdisaient la manif aux Champs-Élysées et qu'ils seraient parqués au Champ-de-Mars.* » Alors ce matin, il a acheté un billet de train et il est monté à Paris. Il a pris le métro pour aller au Champ-de-Mars.

Céline Gravade n'a pas les moyens de se payer un billet de train. Elle choisit de rester dans sa ville. Dès le matin, elle est sur « *le rond-point du Gargalon, à la sortie de l'A8, à Fréjus* ». Elle aime cette ambiance, elle s'y sent bien. « *On a réussi à casser l'individualisme qui nous plombe depuis des années. On est ensemble. Un jeune garçon de 15 ans fait la bise à une mamie de 70 ans.* » La fraternité des luttes. La solidarité de celles et ceux qui se découvrent. « *On a ôté les barrières de l'autoroute au niveau du rond-point, on pouvait donc arrêter les gens deux minutes.* » Et aux véhicules qui n'ont pas de gilet jaune en évidence, Céline et ses copains disent : « *Et alors, le gilet ?* » « *Certains s'arrêtent, descendent vite chercher le gilet dans leur coffre.* » Les gens leur donnent à manger, un peu d'argent pour tenir, les saluent. Céline est heureuse. Au milieu de cette nouvelle famille. Sur son rond-point à l'ambiance « *bon enfant* ».

À 8 heures, le point de situation du ministère de l'Intérieur comptabilise « 5 632 manifestants pour 269 actions de voie publique, dont 63 points de fixation » et ajoute : « En

Normandie, 1 000 GJ sont recensés, ce qui constitue le maximum observé dans la France entière à ce stade. »

Au Champ-de-Mars, Thierry rencontre des Gilets jaunes. Ils ne savent pas trop où aller. Comme il ne connaît pas bien la capitale, il les suit. « *On est remonté dans Paris, et arrivé aux Champs.* » Juste avant d'accéder à la célèbre avenue, Thierry demande son chemin « *à un mec de la Mairie de Paris qui me dit : "Il y a déjà de la violence".* » À 11 heures, le Marseillais est sur zone. « *Ma première impression ? C'est à la hauteur de la revendication. C'est une révolution.* » Il le reconnaît : « *Le pacifisme, j'aime pas. On ne se bat pas face à Macron, mais face à la mondialisation, au CAC 40. Macron, c'est une devanture.* »

Céline Calu est venue à Paris en train avec son fils et une vingtaine de personnes. Autour de la gare Saint-Lazare, « *il y a des CRS partout* ». Elle n'a pas peur : « *Ils sont là pour nous protéger, il n'y a aucune crainte à avoir.* » Vers 10 heures, ils atteignent les Champs-Élysées. « *On chantait, on était nombreux. Et on n'a rien compris, on s'est fait gazer.* » Recul, gaz lacrymos, recul, gaz lacrymos. Jusqu'à ce que Céline, son fils et leurs amis arrivent vers l'Arc de triomphe. « *On a fait un sitting, on se prend plein de lacrymos dans la tête. Je suis avec mon fils. On a les mains en l'air. On se prend encore des lacrymos.* »

À midi, Antonio Barbetta et ses amis quittent Compiègne en voiture. À cette heure, le point de situation de l'Intérieur compte « 10 000 » manifestants à Paris (dont 5 000 sur les Champs-Élysées) et « 53 395 » dans toute la France. La mobilisation continue sur l'île de La Réunion (« 45 actions en cours, 1 800 manifestants »).

À 13 h 30, Antonio se gare près de Saint-Lazare. « *En sortant du parking, on voit des groupes de Gilets jaunes. On ne connaît pas bien Paris, on les suit.* » Ils arrivent à la Madeleine vers 14 heures. « *L'ambiance est électrique, des nuages de lacrymo, des gens mécontents, des charges de CRS.* » Antonio et ses amis parlent avec les manifestants qui les entourent et qui aimeraient aller vers la place de la Concorde. « *On ne peut pas passer, on se fait gazer, charger.* » Une partie des contestataires présents décident alors de rebrousser chemin et de se diriger vers les Champs-Élysées. « *On avance vers le Printemps, les Grands Boulevards, pour aller par-derrière.* »

Thierry ne quitte pas son nouveau lieu de prédilection. « *C'est très mouvementé sur les Champs. Ça m'a plu. Je discute avec des gens de partout.* » Ce qu'il entend l'enchante : « *Les gens en ont marre. Les gens réfléchissent. Ils n'écoutent plus la télé, n'écoutent plus les politiciens. La plupart ne votent pas.* » Le désenchanté reprend espoir : « *Je suis surpris, je croyais que les Français étaient avachis devant leur télé à râler.* » Une révolte. Thierry en a rêvé, les Gilets jaunes l'ont fait. Il est avec eux. Il a été délégué du personnel, a l'habitude de revendiquer. « *Les gens parlaient, mais n'osaient pas aller contre le directeur. Un jeune avait été licencié abusivement. Il avait 18 ans, avait accroché un camion alors qu'il n'avait pas le permis. Tout le monde savait que des jeunes sans permis déplaçaient les camions. J'avais engagé des démarches pour le défendre, mais le jeune a eu peur. Les gens n'ont pas trop aimé que je me batte, ça m'avait dégoûté.* » Au milieu des manifestants, Thierry revit.

Céline Calu et son fils sont fatigués. Eux qui étaient venus « *en touristes* » se voient offrir « *du sérum physiologique par des Gilets jaunes qu'on ne connait pas* ». Céline ne comprend pas l'attitude des forces de l'ordre. « *Il y a deux ou trois feux rouges cassés, mais sinon, ce n'est pas violent autour de nous.* » Vers 16 h 30, ils quittent les Champs et vont prendre leur train. « *On s'est fait gazer toute la journée, on repart très en colère.* »

À 15 heures, Antonio, ses amis et les Gilets jaunes qu'ils ont suivis se retrouvent enfin sur les Champs-Élysées. « *C'est une scène de guérilla urbaine. J'avais vu ça dans des films, mais je ne savais pas comment c'était en vrai.* » Le novice en manifestation n'en revient pas, « *des fumées noires, des lacrymos, des gens qui courent partout, des CRS qui chargent* ». Les amis d'Antonio travaillent dans l'aéroportuaire, l'un est militaire. Ils ne se sentent pas très à l'aise. « *On reste en retrait, spectateurs.* » Antonio filme, fait des photos. « *J'ai de l'adrénaline, j'ai peur, mais c'est aussi excitant.* » Ils restent une petite heure sur la plus célèbre avenue parisienne. Au fur et à mesure des charges des forces de l'ordre et des jets de gaz lacrymogènes, le petit groupe bouge. Vers 16 heures, « *on se fait pousser à droite, à gauche, et on arrive avenue Montaigne* ». Au cœur du Triangle d'or. Au milieu des plus grands couturiers. Cet univers n'est pas le leur. Antonio et ses amis n'oublient pas le sens de leur combat. Et ne se laissent pas embarquer. « *Des gens arrivent pour jeter des pavés sur les boutiques de luxe. Avec d'autres Gilets jaunes, on leur dit : "Ne faites pas ça. Ça ne se fait pas et vous allez donner une mauvaise image de nous."* »

Ça bouge dans tous les sens. Antonio perd des amis. Il les rappelle : « *Vous êtes où ?* », mais la situation est trop instable pour se retrouver.

Antonio est rue de Marignan « *juste au niveau du gros cordon des forces de l'ordre qui bloque l'accès à la Concorde* ». Un couple de retraités s'approche du cordon. « *On défend la France, on se bat pour vous aussi. Vous avez bien des petits-enfants ?* » Antonio est abasourdi par la réaction des CRS. « *L'un bouscule la grand-mère, l'autre gaze le grand-père. Les gens sont choqués. Du coup, certains autour de moi, qui étaient pacifiques, chargent les CRS.* » Ça se tend. « *Des projectiles volent, des lacrymos, beaucoup de CRS.* » Antonio entend « *des gros boums* », il en avait déjà entendu. « *Je ne sais pas ce que c'est. Je crois que ce sont des pétards. On ne voit plus celui qui est à 2-3 mètres. Les CRS chargent.* »

Vers 16 h 30, l'intérimaire est à l'angle de la rue de Marignan et des Champs-Élysées. « *Une charge forte, beaucoup de lacrymos, un mouvement de foule, car les gens cherchent à se retirer. Je veux partir.* » Et là, « *je vois un truc gris à mes pieds. Je n'ai pas le temps de réagir. Ça dure quelques secondes. Je ne comprends rien. Ça explose à mon pied droit. Je n'entends plus rien* ». Il a « *la sensation d'une brûlure au pied droit* », mais ne réalise pas ce qui vient de lui arriver. Il veut fuir. « *Je continue à essayer de courir, en boitant, sur 100 mètres.* » Antonio ne comprend pas. Mais autour, des Gilets jaunes lui crient : « *Monsieur, vous pissez le sang, vous pissez le sang !* » Il baisse les yeux, voit « *une mare de sang sous* [son] *pied* », se retourne, voit « *une grosse trace de sang derrière* [lui] ». Des Gilets jaunes l'allongent sur le trottoir, appellent les pompiers. « *Il y a beaucoup de monde autour de moi, je manque d'air. Des morceaux de fer traversent ma basket. Je suis un peu une marionnette, les gens filment.* » Il demande qu'on prévienne ses amis, qui arrivent et sont très choqués. Vingt minutes plus tard, Antonio « *se sent partir.* [Il a] *des fourmis dans* [son] *corps* ». Les pompiers sont rappelés, ils croyaient qu'il avait déjà été pris en charge. Ils mettent vingt autres minutes pour arriver. Des Gilets jaunes les aident à avancer dans la rue Marignan jusqu'au blessé. Ils découpent sa basket : « *J'ai une boule de fer dans le pied droit.* » Découpent son jean sur l'autre jambe, car il se plaint de brûlures : « *J'ai des éclats dans la jambe gauche.* » Ils le bandent, puis le transportent à l'hôpital Bichat.

Cet après-midi-là, les Gilets jaunes n'étaient pas les seuls à manifester dans Paris. Entre Opéra et République, des milliers de personnes (12 000 selon la police, 50 000 selon les organisatrices) ont défilé contre les violences faites aux femmes. Les Insoumis se sont répartis entre les deux cortèges. Des députés sont sur les Champs-Élysées pendant que Jean-Luc Mélenchon défile avec les féministes. « *L'accueil est bon enfant. On se met sur le bord. Des gens me saluent, d'autres viennent prendre des photos.* » Une femme interpelle le leader Insoumis : « *Qu'est-ce que vous faites là ? Vous feriez mieux d'aller avec vos amis Gilets jaunes !* » Mélenchon se prépare à les rejoindre vers la Madeleine. Il appelle ses copains qui lui déconseillent de s'y rendre. Dans Paris, il croise des groupes de Gilets jaunes. Au soir de cet acte II, sa conviction est faite sur ce mouvement : « *On sait que c'est quelque chose de profond, d'enraciné, et que c'est de l'ordre d'une révolution citoyenne. On pense que le pouvoir ne se rend pas du tout compte de ce qui se passe, que la plupart des dirigeants de gauche n'y comprennent rien et que les dirigeants syndicaux non plus.* »

À 17 heures, le ministère de l'Intérieur compte « 106 301 » Gilets jaunes pour « 1 619 » actions de voie publique.

En fin d'après-midi, après « *neuf heures* » de présence, Céline Gravade quitte son rond-point.

Les yeux encore émerveillés. « *Formidable. Grand élan de solidarité.* » La vie en jaune commence à être bien réglée. « *On a des commerçants qui nous apportent à manger, pour ceux qui sont là toute la journée, toute la nuit. Il y a des gens qui donnent de l'argent, donc on fait un relevé de compte. Pour montrer comment on dépense, pour que tout le monde puisse y avoir accès. Quand on a besoin de bois, on envoie un message, pour que dans la mesure du possible, quelqu'un en ramène.* » Elle a passé une belle journée. Elle en passera bien d'autres avec les Gilets jaunes. Et déjà plein de souvenirs, comme cette « *dame qui n'avait pas de gilet, alors elle a mis le biberon de son bébé sur sa boîte à gants* ». La seule chose qui la « *plombe* » c'est « *quand j'entends une dame dire : "Je prends un sandwich et j'en garde la moitié pour ce soir."* »

À 18 heures, Antonio est pris en charge à l'hôpital Bichat. C'est en entendant les internes lui parler de « *blessures de guerre* » qu'il prend conscience de ce qu'il a subi. On lui donne de la morphine. Il fait des radios, puis est amené au bloc opératoire. Le chirurgien lui explique : « *Ce que vous avez reçu, ça ressemble à une grenade GLI-F4.* » C'est la première fois qu'Antonio entend ce mot. « *Je suis myope, j'ai été exempté du service militaire.* » Il ne sait pas que cette grenade lacrymogène et assourdissante contenant 25 grammes de TNT a supplanté les grenades offensives OF F1 depuis que l'une d'entre elles a tué Rémi Fraisse, le 26 octobre 2014 à Sivens. Après son opération, Antonio est amené dans une chambre. « *Je suis avec un autre Gilet jaune qui, lui, a reçu une grenade au genou.* » Un peu plus tard dans la soirée, depuis son lit d'hôpital, il écrit un post Facebook « *pour mes amis, ma famille, pour raconter* ». En deux jours, ce post est partagé 40 000 fois. Antonio choisit de témoigner et de porter plainte. « *Je me suis mobilisé pour améliorer ma situation. Et, ironie du sort, je suis encore plus dans la merde.* »

À 20 heures, le point de situation de la place Beauvau observe « 166 321 » manifestants pour « 2 053 » actions de voie publique. Il évoque « 63 blessés », 196 interpellations et 129 gardes à vue.

Ghislain Coutard a passé la journée à se mobiliser à Narbonne. Cet acte II, il l'espérait très grand. « *Je pensais que tout le monde sortirait, jouerait le jeu. Malheureusement, c'est toujours les classes moyennes et les classes populaires. Du coup, la colère est différente. Si tout le monde avait joué le jeu, on aurait gagné.* » Le mouvement va devoir continuer pour emporter une victoire.

Sur les Champs-Élysées, des figures de l'ultradroite se sont montrées. À leur propos, Emmanuel Macron confie ce soir-là : « *À la fin, ils vont nous aider.* »

« Il faudra que ça pète tous les week-ends jusqu'à temps qu'on se fasse entendre. »

C'est une vidéo pour faire le point, analyser le mouvement. Et donner des perspectives après l'acte II. Éric Drouet est dans son camion, sur son siège siglé Iveco, comme d'habitude. « *Je commence à être un peu antimédias avec tout ce que je vois et comment c'est reflété. On a passé le samedi sur les Champs-Élysées* [...] *Quand tu rentres à la maison, que t'entends qu'on était 8 000 sur les Champs-Élysées, qu'y a eu que des casseurs, ceci, cela ; j'étais vraiment dégoûté. J'essaie d'expliquer aux gens que de 8 heures à midi, on n'a pas arrêté de se faire gazer, se faire charger et qu'en fait, c'est eux qui ont créé les casseurs. Les gens en avaient marre de cette brutalité.* » Les jours d'après, l'initiateur du mouvement reconnaît « *ne pas avoir eu le moral* ». Il est allé voir des Gilets jaunes sur des blocages. « *Ce qui m'a peiné le plus, c'est quand je voyais tous les gens sur les blocages qui restent des journées et des journées, qui lâchent pas et de me dire qu'en face de ça, on a un gouvernement qui nous répond pas* […] *Le Président reste encore muet après une semaine. Ça m'a vraiment écœuré.* » Mais les Gilets jaunes continuent et lui donnent la « niaque ». Il se souvient du samedi 24 novembre : « *Les Champs-Élysées, j'y étais, ma femme y était, ma mère y était* […] *C'était la zizanie, la guerre, mais j'étais très fier d'y être, de voir tous ces Français, tous ces citoyens français dans la rue pour défendre leur cause.* » Pour lui, le mouvement va continuer. Il doit continuer : « *C'est les week-ends que ça pète. Il faudra que ça pète tous les week-ends jusqu'à temps qu'on se fasse entendre.* » Drouet explique que huit porte-parole sont en train d'être désignés pour « *aller là-haut* » plaider les revendications. La hausse des taxes sur les carburants n'est plus le seul enjeu. « *La priorité pour l'instant, c'est d'avoir une Chambre citoyenne, je sais pas comment on peut appeler ça* […] *d'avoir un pied dans le gouvernement* […] *Il faut que ça change, mais à long terme* […] *On est en train de se battre et contre le gouvernement et contre les médias.* » Éric Drouet est prêt à manifester le samedi suivant, même s'il n'est pas à l'origine de l'appel à l'acte III. « *On se retrouve tous par rapport à un point commun, c'est bête à dire, c'est la précarité de nos vies par rapport à ces taxes. On a trouvé une nouvelle famille, c'est celle des Gilets jaunes.* […] *On a déjà gagné ça, ça devient une petite famille. Je suis très heureux d'en être.* » Il est fier du mouvement : « *On a réussi à faire trembler ce gouvernement, et c'est déjà une grosse chose, maintenant faut aller plus loin.* » Il réfléchit aux blocages des raffineries, des stations d'essence, des ports, des grosses plates-formes comme Rungis. « *Il va falloir arrêter les blocages de voitures* […] *Il faut vraiment cibler ce qui fait mal à l'État, sans faire mal aux citoyens.* »

Le mouvement prend, s'enracine. Sur les ronds-points, les Gilets jaunes construisent des cabanes, certains y dorment. Des voisins viennent leur apporter à manger, discuter. Les automobilistes laissent le gilet de sécurité sous le pare-brise en signe de solidarité. Les samedis deviennent les jours de manifestation. L'acte III est annoncé pour le 1er décembre. Le soutien de l'opinion au mouvement est massif (entre 70 et 80 %). Mais le pouvoir tarde à réagir. L'opposition l'exhorte à céder. « *C'est le peuple, ce mouvement des Gilets jaunes. Est-ce que je le soutiens ?*

Oui, évidemment, plus que jamais, puisque le président Emmanuel Macron refuse de leur répondre », lance Marine Le Pen le 25 novembre sur LCI. Elle lui demande de répondre « *et pas par une espèce de machin écologique* ».

Dix jours après le début du mouvement, Emmanuel Macron prend enfin la parole. Ce mardi 27 novembre, le Président installe le Haut Conseil pour le Climat qu'il vient de créer et dévoile depuis l'Élysée sa « *programmation pluriannuelle de l'énergie* ». Le rendez-vous est fixé depuis longtemps, mais en plein mouvement jaune, il a un « *écho particulier* », comme il l'avoue. Macron maintient les futures hausses de taxes sur les carburants qui doivent advenir en janvier, choisissant de les « *adapter* » au cours du pétrole. Autant dire que cela ne va pas calmer la colère. Et pourtant jusqu'à ce matin-là, une phrase figurait dans le discours du Président, une phrase destinée aux Gilets jaunes. « *La phrase c'était :"Tant qu'on n'aura pas trouvé de solution, je n'accepterai pas de hausse." Dans la dernière demi-heure, elle est enlevée* », raconte un de ceux qui en avaient discuté avec Emmanuel Macron. Revenir sur la prochaine hausse, c'était la revendication minimale des Gilets jaunes. Cette phrase oubliée est la première illustration du débat qui se joue dans le pouvoir. Un des vieux sages qui conseillent le Président avoue : « *Je suis frappé par ce mouvement qui explose maintenant, mais qui fermente depuis vingt-cinq ans, Chirac est élu sur la fracture sociale. Les gens votent et à chaque fois, le pouvoir est repris par des technos classiques. Le gouvernement qu'il a nommé est de ce mode de pensée. Édouard Philippe, ses collaborateurs, les collaborateurs à l'Élysée ont tous la religion de Bercy. Leur ligne stratégique, c'est : "Il ne faut pas céder. Si on recule d'un pas, on ne pourra plus rien faire." Et leur ligne politique c'est : "On renflouera les caisses de l'État en faisant payer les consommateurs en carburant."* » Dany Cohn-Bendit le dit plus crûment : « *Le pouvoir, c'est Bercy, c'est la pensée de l'équilibre des comptes. Macron il a ça et pas que ça, mais c'est dans sa tête. C'est son histoire à lui. Il veut s'en dépatouiller, mais il n'y arrive pas. Il sent le problème, mais fait des erreurs.* » Un dirigeant de la République en Marche abonde : « *On est dans un moment particulier où une partie de la majorité se dit : "Si on cède sur cette taxe, c'en est fini de la dynamique transformatrice." Je pense le contraire. À titre personnel, cette taxe ne me paraît pas être une mesure essentielle. Mais vous savez, mourir pour une réforme, pour une taxe, ça existe. Ça n'en valait pas la peine.* » Ça n'en valait pas la peine. Mais ils l'ont fait. Nouvelle occasion manquée ce mardi 27 novembre. À Matignon, on assume cette posture fermée. « *Entre le 17 novembre et le 4 décembre, on tient. Édouard est un homme pas arrogant, mais qui était convaincu que c'était bon pour le pays et bon pour les gens. On s'est posé la question : "Si on recule, est-ce qu'on pourra continuer ?"* » Le pouvoir s'accroche à ce mantra « *On tient, on ne recule pas.* » « *On n'est pas Hollande* », voilà ce qu'ils disent. Voilà ce qu'ils se disent. Depuis qu'il est à l'Élysée, Emmanuel Macron prend son prédécesseur comme contre-exemple. Hollande a cédé aux Bonnets rouges sur l'écotaxe, Macron ne cédera pas aux Gilets jaunes sur la taxe carbone sur l'essence. En tout cas, pas cette semaine.

La colère sociale vient pourtant de loin. La colère des retraités est là depuis longtemps, celle contre le « Président des riches » aussi, la coupure avec les élus, les syndicats, est palpable également. « *J'ai toujours pensé que ça irait à la catastrophe. Emmanuel me disait : "Tu as raison", mais le réseau de pouvoir qu'il a mis en place, Kohler/Philippe/Ribadeau-Dumas*[1]*, quand ils se réunissent le*

1. Alexis Kohler est le secrétaire général de l'Élysée, Édouard Philippe, le Premier ministre et Benoît Ribadeau-Dumas est le directeur de cabinet du Premier ministre. Traditionnellement, tous les lundis, le Président et le Premier ministre déjeunent ensemble et sont rejoints par le secrétaire général de l'un et le directeur de cabinet de l'autre.

lundi midi, lui disent : "C'est impossible". Il les a crus. Tout le monde croit qu'il est omnipotent, qu'il est un dictateur. Ce n'est pas vrai. Il ne l'est pas. »

Entre l'acte II et l'acte III, le mouvement sort de ses gonds, change. Les Gilets jaunes passionnent le pays. Tout le monde ne parle que d'eux. Les émissions qui leur sont consacrées cartonnent. Mounir Mahjoubi renoue avec d'anciens copains socialistes. Secrétaire d'État au numérique, le macroniste s'était coupé de ses amis d'hier. « *On discute et on partage. La journée je fais mon travail de ministre, la nuit je dors à peine et passe des heures sur les réseaux pour comprendre le mouvement.* » Ce mouvement le captive. Celles et ceux qui se battent pour vivre dignement lui renvoient une autre image de lui, l'enfant défavorisé entré en politique. « *Je m'interroge à ce moment sur moi-même. À vouloir être député et ministre, à faire député et ministre, j'ai oublié d'être Mounir. Je suis une machine en pilote automatique.* » Alors « Mounir » se jette dans le jaune. « *J'ai une passion pour les films de superhéros, surtout les instants où ils découvrent leurs superpouvoirs. Les Gilets jaunes c'est pareil, ils ont découvert leur superpouvoir, ils peuvent être entendus, ils peuvent faire valoir leurs droits.* » Pendant qu'au pouvoir, la plupart poussent à ne rien céder, Mahjoubi, lui, penche vers les nouveaux héros jaunes. « *Ils sont étonnés au départ de l'impact de ce pouvoir, mais ils le maîtrisent progressivement et veulent désormais s'en servir. Ils ont quelque chose à dire. Ce sont les premiers pas dans la politique et le combat social.* »

Un soir, le ministre tombe sur « Touche pas à mon poste », l'émission de Cyril Hanouna. Depuis le début du mouvement, c'est un des lieux des Gilets jaunes. Certains sont venus voir l'animateur vedette à la sortie du studio pour plaider leur cause, il les a invités sur son plateau. « *Je vous fais passer à 20 h 30 et vous dites exactement ce que vous avez à dire.* » Et depuis, l'animateur se pose comme leur « *porte-parole à la télé* », expliquant : « *Nous, ce qu'on voudrait pour vous, c'est que le message avance, que le gouvernement prenne des décisions.* » Cyril Hanouna les réinvite régulièrement. Devant sa télé, Mahjoubi n'en revient pas de ce que dit Maxime Nicolle, plus connu chez les Gilets jaunes sous son pseudonyme de Fly Rider. « *Je le vois dire que le gouvernement avec Facebook manipule les algorithmes pour supprimer les contenus des messages des Gilets jaunes. Je bondis de mon fauteuil et j'explique sur les réseaux sociaux que Hanouna a déconné en laissant raconter plusieurs infox.* » Mahjoubi redit sa colère dans la presse. L'équipe de Cyril Hanouna prend contact avec son cabinet et l'invite à venir s'expliquer le vendredi 30 novembre. Mahjoubi est partant. Mais Matignon le lui interdit. Et le secrétaire d'État obtempère.

Le jeudi 29 novembre, en fin de matinée, François Hollande est à Antraigues-sur-Volane, en Ardèche, le village où a vécu et où est enterré Jean Ferrat. Il n'avait pas pu se recueillir sur la tombe du chanteur engagé quand il était président, il répare cet impair. Discute avec la famille du chanteur, visite son ancienne maison. Des Gilets jaunes patientent à sa sortie. « *Ils sont quatre ou cinq. Ils attendent sagement. Ils ont une démarche politique. Ils ont des pancartes "Votre ennemi, c'est la finance" "Le changement, c'est maintenant". Ils avaient préparé des questions sur le CICE, la politique économique. L'entretien s'est bien passé. Je leur ai conseillé de travailler à un dialogue avec les pouvoirs publics pour faire déboucher une partie de leurs revendications.* » Avant de les quitter, François Hollande leur glisse : « *À bientôt. Il faut continuer à prendre la parole et faire que ça puisse déboucher, parce qu'il faut que ça débouche. Parce que là, il y a ce que vous faites de manière personnelle, même si vous êtes dans un collectif.* » Une femme : « *On est ensemble avec des idées différentes*. » Hollande : *« Mais à un moment, il faut que des organisations puissent prendre en compte les revendications. Et les difficultés que vous avez.* » Elle : « *Faut qu'on nous donne la parole aussi.* » Lui : « *Là, vous l'avez.* » Un autre Gilet jaune : « *Faut que les pouvoirs publics nous écoutent réellement, qu'ils nous entendent.* » Une femme : « *M. Hollande, c'est quand même vous qui avez installé Macron.* » Lui : « *Je ne vais pas dire qu'il n'a pas été ministre du gouvernement, mais après.* » Elle : « *Il n'est pas sorti du chapeau comme ça. »* Un autre : « *Il y a eu collusion entre Pierre Gattaz, M. Macron et vous-même. Il y a eu un changement encore plus évident, à la fin de votre quinquennat, où on a vu que le libéralisme, la finance, les grands patrons s'installaient. La porte était ouverte.* » Hollande : « *J'assume ce que j'ai fait, je ne me défausse sur personne. Ce que j'ai fait durant le quinquennat, je le prends sous ma responsabilité. Après, Emmanuel Macron a fait un autre choix. Il s'est présenté avant que je ne me décide, vous avez suivi ces événements. Ensuite il a fait son choix. Il a ses orientations. Il doit en répondre devant le pays.* » Une femme : « *Oui, mais il ne nous écoute pas.* » Hollande : « *Moi, je vous ai écoutés aujourd'hui.* »

Le Président est dans l'avion pour l'Argentine. Les propos de François Hollande ne lui ont pas échappé. À Buenos Aires, devant la communauté française, Emmanuel Macron répond à celui dont il a été le conseiller, puis le ministre : « *J'entends aussi souvent les voix qui, parfois, n'avaient même pas réussi à bouger les choses, et qui sont sans doute plus à la racine de la situation que nous vivons que le gouvernement qui n'est aux affaires que depuis dix-huit mois.* » Puis il balance : « *Que voulez-vous ? Le cynisme fait partie de la vie politique.* »

François Hollande est surpris que son successeur lui réponde, qui plus est depuis l'étranger, et le traite de « cynique » parce qu'il a parlé avec des Gilets jaunes, c'est-à-dire des citoyens, et les a encouragés à trouver un débouché à leurs revendications. Le vendredi, l'ancien Président poursuit sa tournée de dédicaces à Montauban. Il rencontre de nouveaux Gilets jaunes. « *Ils sont une dizaine de différentes professions (commerçant, artisan, aide-soignante, ambulancier…). C'est une femme qui conduit la délégation et les femmes sont nombreuses dans ce mouvement. Déjà les demandes vont au-delà de l'essence. Ils me parlent de l'ISF, de la CSG. Ils évoquent avec insistance la justice fiscale et les inégalités dans l'accès aux transports.* » Et ciblent la quasi-suppression de l'impôt de solidarité sur la fortune. « *L'ISF, c'est ce qui révolte les retraités qui paient une CSG supplémentaire, c'est ce qui est insupportable pour ceux qui paient l'augmentation du prix du carburant, c'est ce qui est inaudible pour ceux qui ont le sentiment d'être écrasés de charges, les artisans.* »

Pendant ce temps, depuis l'Argentine où il participe au G20, cette réunion des vingt plus grandes puissances mondiales, Emmanuel Macron échange avec des amis à propos des Gilets jaunes. À l'un qui le presse de leur répondre, le Président rétorque : « *C'est trop tôt. Dégorger, écouter, préparer.* » Trop tôt ? En marche pour l'acte III.

« Les pavés pleuvent. On est encerclé, vulnérable. »

La révolte appartient à ceux qui se lèvent tôt. Ils ont quitté le rond-point de Fleury-sur-Andelle aux aurores et sont arrivés porte Maillot à 7 h 10. Vingt minutes plus tard, Fabien et ses amis atteignent le haut des Champs-Élysées. C'est à Paris qu'ils voulaient être pour cet acte III. Et comme la célèbre avenue est difficile d'accès, les Normands atterrissent au pied de l'Arc de triomphe. L'ancien militaire ne peut qu'aimer ce lieu. Pourtant, très vite, l'atmosphère se tend. Avant 9 heures, un groupe de manifestants tente de forcer un barrage. Les forces de l'ordre répliquent. Fabien et ses amis sont toujours au milieu de ce rond-point géant, ce plus grand carrefour de Paris. « *On a été gazé, on suffoquait.* » L'Arc de triomphe disparaît sous les gaz lacrymogènes, les grenades explosent, les détonations se font entendre sur toute la place.

Place Beauvau, Christophe Castaner suit par vidéo et par téléphone tout ce qu'il se passe. Il a assumé de laisser les contestataires défiler sur les Champs-Élysées, « *mais en mode fan zone comme le 31 décembre, parce que les manifestants en ont fait un symbole très fort* ». Il ne peut pas encore réaliser que ce 1er décembre sera un « *déchaînement de violences* » qui débutent pourtant tôt. « *Dès 9 heures, il y a 250 personnes et aucune ne rentre dans la fan zone. Ceux qui viennent refusent le principe même qu'on les fouille et qu'on vérifie s'ils ont des armes par destination. Ils commencent à s'agglutiner autour de l'Arc de triomphe. À 9 h 15, il y a les premières tensions.* »

Il est 9 heures lorsque Nicolas prend son service. Il a « *un peu d'appréhension* », mais ne sait pas qu'il va vivre sa pire journée de policier. À 36 ans, il a onze ans de service derrière lui. Il fait partie d'une compagnie d'intervention qui dépend de la DOPC (Direction de l'ordre public et de la circulation). Le maintien de l'ordre dans les manifestations parisiennes est son quotidien. Parfois, sa compagnie fait aussi du service d'ordre lors de matchs, de concerts ou de visites de chefs d'État. Ces policiers, très mobiles, furent parmi les premiers arrivés à l'Hyper Cacher, le 9 janvier 2015. Certains étaient au Stade de France, le 13 novembre 2015, lorsque trois kamikazes se sont fait exploser. Ils ont reçu des éclats d'explosifs. Ils ont l'habitude des situations tendues. Mais ils n'ont jamais vécu une journée comme celle qu'ils s'apprêtent à vivre, ce samedi 1er décembre.

Ils savent que ce sera dur. Lors de l'acte II, un jeune collègue de 25 ans a perdu un œil à cause d'un éclat de bombe agricole. Et si Nicolas est un policier expérimenté, c'est loin d'être le cas de ceux qui partent avec lui. « *Il y a eu, ces dernières années, un gros turn-over à la DOPC, et beaucoup de jeunes flics, qui n'ont qu'un ou deux ans de boîte, sont intervenus sur les Gilets jaunes. Psychologiquement, quand c'est votre baptême du feu, c'est plus dur.* » Pour sécuriser le haut des Champs-Élysées, ce matin, ils sont 75. Équipés comme les CRS pour cet acte III d'une révolte jaune qui va tourner à l'insurrection. Coque de protection sur les épaules, ils portent un casque avec visière, une coudière (rigide, donc sur le bras opposé à celui qu'ils utilisent) et des jambières. Ils ont des masques à gaz, « *mais c'est très compliqué à porter quand on est aussi mobile que nous, donc on ne les met pas. La plupart de mes collègues ont acheté des masques de ski ou des lunettes de piscine, parfois des masques de peintre, mais c'est très gênant* ».

À 9 h 30, Nicolas et ses collègues arrivent place de l'Étoile. Ils comprennent tout de suite : « *Le bruit, les cris, les détonations, l'Arc de triomphe, qui est nimbé de gaz lacrymos… Au loin, on voit des Gilets jaunes courir.* » Ils sont chargés de filtrer les manifestants en haut de l'avenue de Wagram. Nicolas sent la tension de ceux qui ne comprennent pas pourquoi les policiers les empêchent d'accéder à l'Étoile, puis aux Champs-Élysées. « *Vous n'avez pas le droit* », « *C'est aussi pour vous qu'on est là* », leur hurlent les manifestants. « *Un type se présentant comme membre des Républicains m'a dit : "C'est honteux ce que vous faites là".* » Mais il y a de tout. La haine n'a pas de parti. « *J'ai senti que ces gens nous détestaient, plutôt d'ultragauche, manifestement.* » Nicolas est surpris. « *C'est étrange, parce que si on réprouve la forme de leurs actions, les Gilets jaunes, ça nous parle. On s'y retrouve, dans le fond. L'association des Policiers en colère s'est d'ailleurs ralliée au mouvement.* » Le quotidien des forces de l'ordre n'est pas si différent de celui de ceux d'en face. « *Un gardien de la paix qui débute gagne 1 800 euros par mois, primes comprises, 2 100 euros pour un brigadier. On n'a pas la grande vie.* » Mais ce matin-là, dans Paris, les classes moyennes et populaires vont s'affronter.

À 10 h 15, les policiers continuent à bloquer l'accès aux Champs-Élysées « *à ceux qui portent des masques* ». Ils ont déjà interpellé une quinzaine de personnes « *avec des pavés, des matraques, des couteaux* ». Un quart d'heure plus tard, leur officier leur demande de se rapprocher de l'Arc de triomphe. « *Entre 100 et 200 individus harcèlent une compagnie de gendarmes. Ils viennent au contact, pavés à la main. Les bombes agricoles explosent. On entend les boulons lancés par des frondes siffler à nos oreilles. On reçoit autant de gaz que les manifestants.* » Ils repèrent un jeune homme masqué arborant un gilet jaune. Il a environ 25 ans et lance des pavés à tir tendu. Alors qu'ils chargent pour l'interpeller, des collègues « *balancent un nuage de lacrymos pour éloigner ceux qui veulent venir au contact* ». Le repli se fait dans des conditions compliquées, « *totalement aveuglés, la gorge en feu, en protégeant notre interpellé. Des pavés volent partout. On fait une bulle autour du mec, serrés au maximum.*

Un de mes collègues pose son bras sur sa tête ». Le jeune manifestant est alors pris en charge par l'équipe des interpellateurs.

À 11 heures, il faut recommencer. Nicolas et ses collègues sont postés derrière les gendarmes et les CRS pour interpeller ceux qu'ils identifient comme violents, qui portent souvent des gilets jaunes. « *Entre 50 et 100 personnes masquées viennent au contact, tapent dans nos boucliers, essaient de les arracher.* » Le temps semble se dilater. « *Ça ne dure que deux ou trois minutes, mais on a l'impression que ça dure une heure.* » Ça continue. « *J'ai de la buée sur les lunettes. Les pavés pleuvent toujours. On est encerclé, vulnérable. Je reçois un pavé en pleine tête (sur mon casque), un choc énorme pour les cervicales. Si on relâche notre attention une seconde, on est mort. On se parle énormément ("Repli ! Repli !" ou "Fais gaffe à gauche !"). Un collègue reçoit un pavé sur la tête et s'évanouit, on réussit à l'extraire pour le mettre à l'abri dans un car de gendarmerie.* » Un tout petit répit. « *Dans l'action, on n'a pas vraiment peur, grâce à l'adrénaline. C'est quand on s'est replié, et qu'il faut à nouveau charger, qu'on mesure le danger.* »

Le danger, Nicolas ne va pas tarder à l'affronter. À midi, sa compagnie reçoit l'ordre d'aller interpeller des individus qui taguent l'Arc de triomphe. Les forces de l'ordre, sous le monument, ont besoin d'aide. « *On approche, mais c'est impossible. On ne voit plus rien à cause des gaz, des fumées, de la masse confuse de manifestants. Un Gilet jaune attrape le pied de l'un de mes collègues et le fait tomber. Plus loin, un autre policier est carrément roué de coups alors qu'il est à terre. Mais cette fois, c'est un Gilet jaune qui le relève…* » Nicolas lève les yeux : « *Deux cents à trois cents personnes viennent dans notre direction, certains en criant : "Tuez-les !"* » « Tuez-les », cette phrase, Nicolas l'aura en tête « *à tout jamais* ». Sur le moment, il ne peut s'arrêter : « *On est dopé à l'adrénaline, on est en groupe, mais on sait que c'est chaud, ça se voit dans les regards des collègues.* » L'officier leur ordonne de se replier sous l'Arc de triomphe. Impossible. « *Les manifestants sont venus au contact : coups de pied, de poing, ils essaient encore de nous arracher les boucliers. Ils ne nous lâchent pas.* » Soudain, Nicolas ressent une décharge en dessous de sa jambière. *« Un pavé vient de m'éclater la cheville. Je ne peux plus marcher.* » Deux collègues le soutiennent et réussissent à le mettre à l'abri dans une guérite de l'Arc de triomphe. « *J'ai peur pour eux. J'attends une quinzaine de minutes. Les pavés pleuvent toujours. Les pompiers ne peuvent pas venir. Je devine le sang qui me coule le long du pied, c'est froid.* » Nicolas ne peut plus continuer. « *On n'a pas le choix, il faut t'extraire, il faut repartir vers nos véhicules* », l'enjoint un collègue. *« Ils forment une bulle autour de moi, et on se fait frapper, insulter. Franchement, à ce moment-là, j'ai la haine, une soif de vengeance qui monte.* »

Nicolas est soigné par un collègue, dans leur véhicule. Les pompiers ne peuvent pas s'approcher. Quand ils arrivent enfin, ils déposent Nicolas à un point de rassemblement, l'hôpital est hors de portée. Nicolas comprend alors qu'il y a de nombreux blessés des deux côtés. Des blessés qui se ressemblent. « *Dans le camion, on m'a fait monter à côté d'un Gilet jaune ! Il a pris un tir de LBD et est ouvert au niveau de l'arcade… Il est allongé, on a mal, mais ça nous fait tous les deux sourire, au point qu'il filme la scène avec son portable. Il a 45 ans, ce n'est pas un énervé, juste un manifestant qui n'a pas eu de chance. Il est scandalisé par les violences, redit qu'il était aussi là pour moi, pour défendre mes intérêts.* »

Céline Calu ne voulait pas revenir à Paris. Mais son fils a souhaité retourner manifester sur les Champs-Élysées. Alors elle l'a accompagné. Ils sont partis à « *une centaine de Bernay* ». Ils viennent de passer la matinée près de l'Arc de triomphe. « *Dès qu'on est arrivé, il y avait des gaz partout. Les CRS nous encerclaient. J'ai réussi à ressortir, mais j'ai eu vraiment peur. J'ai vu des tirs de Flash-Ball, je me suis cachée derrière une voiture.* » Elle perd son fils, s'inquiète. Le retrouve « *dans une rue qui mène à l'Arc de triomphe* ». Il est terrifié. « *J'ai eu très peur. Des tirs de Flash-Ball sont passés près de mon visage* », dit le jeune de 20 ans à sa mère. Ils s'éloignent de la place de l'Étoile, voient « *un tracteur en feu* ».

La situation se tend dans d'autres villes. À midi, le point de situation du ministère de l'Intérieur signale en gras : « Envahissement de la préfecture de Haute-Loire (200 GJ) ». Autour de l'Arc de triomphe, les affrontements se poursuivent. Une banderole « *Gaulois réfractaires* » trône près du monument. Ces piliers sont tagués « *Macron démission* » ou « *Les Gilets jaunes triompheront* ». Les barrières installées autour du tombeau du Soldat inconnu ne sont plus là, certains manifestants les ont jetées en l'air. Fabien et les Gilets jaunes qui l'entourent ne veulent pas laisser profaner cette tombe. Ils s'assoient autour de la flamme. Certains crient : *« Anticasseurs* », « *Pacifistes* », tous entonnent *La Marseillaise*. Le Normand est fier. « *J'ai protégé la tombe du Soldat inconnu.* » Certains taguent l'Arc de triomphe, d'autres protègent la tombe du Soldat inconnu. Paradoxe d'une journée d'insurrection.

Thierry a eu du mal à arriver sur cette place. Comme la semaine précédente, il est venu en train de Marseille. Mais la ligne 1 est bloquée, toutes les stations de métro qui donnent sur les Champs-Élysées sont fermées. Il ne connaît pas bien Paris, mais vient d'atteindre le carrefour de l'Étoile. « *Il y a déjà beaucoup de violence autour de l'Arc de triomphe.* » Il songe : « *Ça continue. Le mouvement est une force. Il y a du monde. C'est de l'espoir.* » Il fait partie de ces Gilets jaunes qui comprennent que des manifestants deviennent violents. « *C'est une violence qui s'est accumulée depuis des années. Un manque de considération. Mes enfants sont à l'école dans les quartiers nord. Ils sont abandonnés. Et encore eux ne subissent pas la discrimination. Mais tout cela marque.* » Le Marseillais n'est pas surpris par la violence contre la police. « *Cette colère entre les gens et les forces de l'ordre n'est pas nouvelle. On a un problème politique parce qu'on a abandonné les gens. Je le comprends tout à fait.* » Il n'est pas violent, mais comprend que d'autres cassent. « *Je ne suis pas anticasseurs. Les casseurs, c'est des gens mécontents. Les gens qui brûlent tout, c'est une colère. On montre plus le mobilier détruit que les gens qui n'ont pas à manger.* » Sur les Champs-Élysées, des Gilets jaunes discutent. De leur vie, du mouvement. Un homme s'emporte : « *Les syndicats, ils font comme les politiques, ils s'en foutent plein les poches. Il n'y a plus que nous. Il faut qu'on le prenne ce foutu pouvoir, il faut qu'on le prenne.* » Quand des grenades explosent vers l'Étoile, il se met à chanter : « *Macron entends-tu les p'tits gars dans la rue* » sur l'air du *Chant des partisans*. Autour de lui, des manifestants s'énervent : « *Y en a marre des casseurs. Ils vont dire qu'on casse. Mais c'est pas nous.* » Une femme essaie de dissuader certains de partir vers l'Arc de triomphe : « *N'allez pas par-là, c'est l'horreur. J'ai vu un groupe avec des couteaux, jeunes et vieux. Les pacifistes devraient venir sur les Champs.* » Des manifestants pénètrent à l'intérieur de l'Arc de triomphe. Ils détruisent les vitrines, les bornes interactives du musée et pillent la boutique. Ils cassent une maquette de l'Arc de triomphe. Jettent à terre un buste en marbre de Napoléon. Et brisent la réplique en plâtre de la tête de *La Marseillaise* de François Rude. C'est la copie d'un des hauts-reliefs ornant une des faces du monument : le visage d'une femme menant la foule. Quelques personnes réussissent à monter sur la terrasse panoramique de l'Arc de triomphe. Leurs témoignages feront le tour de certains ronds-points. « *C'était incroyable. De là-haut, toutes les avenues étaient jaunes.* » Jaune révolution.

Place de l'Étoile, le constat s'assombrit. Pour le ministre de l'Intérieur, « *la violence monte* ». Il a demandé au préfet de police de Paris de « *tenir l'Arc de triomphe* ». La pression est de plus en plus forte dans la capitale, entre l'Étoile, les Champs-Élysées, les Tuileries et l'Opéra.

Le préfet appelle le ministre : « *Il faut que je redéploie les forces.* » Christophe Castaner accepte. Il sait que des policiers sont en danger.

À 16 heures, le « point de situation » du ministère de l'Intérieur fait état à Paris de « 10 000 Gilets jaunes pour 25 rassemblements », de « 53 feux traités à Paris » et surtout de « situations tendues devant les préfectures. Intrusions : 01, 11, 43, 84 et tentatives d'intrusions : 65, 81 ». À la préfecture du Puy-en-Velay, la situation va bientôt déraper. À Paris, les Gilets jaunes continuent à manifester. Thierry passe son après-midi entre l'Étoile et les Champs-Élysées. Au cœur des événements. « *J'ai vu des gens blessés. J'ai vu des gens en colère qui poussaient pour affronter les forces de l'ordre.* » Il fait des rencontres, aime cette fraternité des manifestations. « *On échange. On parle d'où l'on vient, de ce qu'on pense du mouvement. On parle de nos vies, on chante.* » Il le reconnaît : « *Ce qui m'intéresse, c'est d'aller devant, là où il y a de la pression, là où il y a des barricades, où les jeunes caillassent, où les forces de l'ordre envoient des lacrymogènes. J'ai toujours été révolté, contre le système, l'Éducation nationale, la politique, la nourriture, contre tout ce qui maintient le peuple en bas.* »

Vers 16 h 30, rue Danielle-Casanova, près de l'Opéra, quatre policiers d'une compagnie de sécurisation et d'intervention sont dans leur véhicule. L'un d'eux est un ancien militaire qui rentre du Mali et a intégré la police il y a peu. Une mauvaise manœuvre d'un camion de pompiers et la vie de ces quatre policiers bascule. « *Ils sont bloqués et là ils ont 250 personnes qui leur tombent dessus, qui ouvrent le camion, qui forcent l'arrière et balancent un cocktail Molotov en disant : "On va vous rôtir sales poulets."* » Les policiers sortent et abandonnent leur véhicule. Les assaillants en profitent pour dérober une arme de guerre, un fusil d'assaut HK G36. « *Le policier qui se fait voler l'arme de guerre se fait tabasser à terre, les quatre chefs arrivent à sa rescousse, arme au poing, pour sauver le gars qui est au sol* », raconte un témoin. « *Une telle violence, on n'a jamais vu ça* », diront les policiers présents dans le véhicule à leur ministre.

Ailleurs, en province, la journée se déroule calmement. François Hollande est en dédicace à Albi. Des Gilets jaunes demandent à le voir, il les reçoit. « *La délégation est courtoise, très diverse : une femme qui touche l'allocation adulte handicapé, une auxiliaire de vie, un militaire à la retraite, un pompier, un fonctionnaire.* » En les écoutant, l'ancien Président comprend que le mouvement se transforme : « *J'ai senti que ça glissait sur le thème de la représentation (les élus coûtent cher, il faut faire des diminutions de dépenses, il vaut mieux qu'on baisse les charges qu'avoir des allocations, etc.). Là encore, ils sont calmes, respectueux, mais leurs revendications deviennent plus confuses.* »

Jean-Luc Mélenchon a choisi de passer la journée à Marseille, la ville dont il est député. Trois appels à manifester y ont été lancés ; les Gilets jaunes, les lycéens et les syndicats, puis les délogés dont le drame imprègne encore la ville après l'effondrement de plusieurs immeubles. « *Je ne peux pas être absent d'une convergence des luttes qui saute aux yeux de tout le monde.* » L'Insoumis fait une déclaration à la presse sur le Vieux-Port, puis il « *rentre dans le cortège des délogés* » et passe un « *long moment dans la manif CGT* ». Loin des débordements parisiens.

En fin d'après-midi, Marine Le Pen tweete : « *Les casseurs ont déclenché dans Paris une situation insurrectionnelle. Chers "Gilets jaunes", vous devriez quitter les lieux afin de permettre aux forces de l'ordre d'intervenir et venir à bout de ces exactions.* »

Emmanuel Macron est à Buenos Aires. Les images de l'Arc de triomphe, il les a vues à la télé. Et il est « *blessé de ce qui s'est passé, comme chef de l'État et comme Français* ». À 19 heures, quelques minutes avant de commencer sa conférence de presse, il s'énerve : « *C'est trop mal géré. Si ça continue, si on gère aussi mal nos forces de l'ordre, les flics vont se retourner contre nous.* » Puis il prend la parole publiquement et déclare : « *Je n'accepterai jamais la violence* [...] *Aucune cause ne justifie que les forces de l'ordre soient attaquées, que des commerces soient pillés, que des passants ou des journalistes soient menacés, que l'Arc de triomphe soit souillé.* »

À 19 heures, Thierry quitte les Champs-Élysées, rejoint la gare de Lyon et prend le dernier train pour Marseille. Le soir et le lendemain, en boucle sur les télés, des gens s'indignent des dégâts commis à l'Arc de triomphe. « *Les médias font ce qu'ils veulent. Là on sent qu'on va questionner des gens qui ont le compte en banque et le frigo pleins et qui sont choqués par une Marianne défigurée. Moi une Marianne défigurée, ça ne me choque pas plus que ça.* » Il a aimé sa journée parisienne. « *C'était une guerre pour une prise de territoire. Le peuple a réussi à reprendre l'Arc de triomphe.* »

En fin de journée, Christophe Castaner se rend sur les Champs-Élysées pour saluer les forces de l'ordre. Et les défendre. Des policiers glissent : « *Monsieur le ministre, on a eu peur.* » « *Vous avez bien fait d'avoir eu peur. La peur rend intelligent. La peur, elle nous pousse aussi à reculer quand on doit reculer* », leur répond-il. La journée a laissé des traces. Certains policiers ou gendarmes s'en veulent d'avoir abandonné la tombe du Soldat inconnu. Le ministre les réconforte : « *Vous avez bien fait. Jamais un monument, quelle que soit sa valeur symbolique, ne vaudra la vie d'un homme. La vie d'un manifestant, d'un policier ou d'un gendarme.* »

À 20 heures, le point de situation du ministère de l'Intérieur évoque un « retour au calme progressif après des troubles majeurs à l'ordre public ». Il les détaille. « Affrontements dans de très nombreuses villes : Bourg-en-Bresse (01), Antibes et Nice (06), Le Pouzin (07), Charleville-Mézières (08), Narbonne et Carcassonne (11), Marseille (13), Dijon (21), Langueux (22), Besançon (25), Brest et Quimper (29), Toulouse (31), Bordeaux (33), Tours (37), Saint-Étienne (42), Le Puy-en-Velay (43), Nantes (44), Laval (53), Nancy (54), Longueville et Saint-Avold (57), Beauvais et Creil (60), Pau (64), Tarbes (65), Le Boulou (66), Lyon et Villefranche-sur-Saône (69), Paris (75), Barentin, Le Havre et Rouen (76), Strasbourg (67), Albi (81), Avignon (84), Limoges (87), Saint-Étienne-lès-Remiremont (88) ». La préfecture du Puy-en-Velay a pris feu. « Incendie jusqu'aux étages de la préfecture (circonscrit) où se tient le COD (14 personnes confinées). Deux cents manifestants présents dans la cour. Feu à un bâtiment technique annexe en cours de traitement par les SP. » À Paris, la note fait aussi état d'une « Intrusion au siège du porte-parolat du gouvernement ».

Jusqu'à ce samedi maudit, le pire souvenir de Nicolas, c'était les manifs contre la loi travail au printemps 2016. « *À l'époque, pourtant, on avait encore des contacts avec les manifestants qu'on encadrait. Notre présence ne posait pas de problème. On discutait un peu, d'autant plus qu'on était plutôt d'accord avec leurs revendications, même si bien sûr on s'en tenait à notre devoir de réserve. Mais c'était la première fois que j'étais confronté aux black blocs de manière aussi massive. À l'époque, ils ne venaient pas au contact et si on usait de moyens de défense et qu'on leur lançait des lacrymos, ils partaient en courant. On faisait 9 ou 10 km par jour en courant avec notre équipement pour les rattraper. Bref, ils fuyaient, on n'arrivait pas vraiment à les interpeller, mais on avait la maîtrise du terrain.* » Ce 1er décembre, les forces de l'ordre ont perdu la maîtrise du terrain. « *On n'était pas préparé à ce niveau de violence* », avoue Christophe Castaner.

Dans la soirée, la situation est trop instable à l'Arc de triomphe pour que les autorités politiques puissent s'y rendre. Le ministre de l'Intérieur et le Premier ministre se déplacent donc dans une caserne parisienne auprès des forces de l'ordre. Pour les soutenir. Une fois encore. Un peu avant 23 heures, Édouard Philippe rejoint son appartement dans le 9e arrondissement de Paris. Sa femme, ses enfants et ses amis, dont les ministres Gérald Darmanin et Sébastien Lecornu, fêtent ses 48 ans. Des invités sont déjà partis. D'autres pressent le Premier ministre d'enfin annuler la hausse des carburants qui a déclenché la crise des Gilets jaunes. Édouard Philippe refuse : « *Il faut tenir, ne jamais céder.* » L'ambiance n'est pas à la fête. « *C'était tristoune, faut pas croire que Marilyn Monroe est sortie d'un gâteau d'anniversaire et que le champagne coulait à flots* », raconte un des hôtes. Près de trois quarts d'heure après être arrivé, le Premier ministre quitte sa soirée d'anniversaire.

Anne Hidalgo part constater l'étendue des dégâts dans sa ville. Elle se rend sur les Champs-Élysées, puis rue de Rivoli, où une grille s'est effondrée sur un Gilet jaune. Elle est en colère contre le pouvoir. « *Tu te rends compte, pas un n'a jugé utile de me passer un coup de fil* », lâche-t-elle à l'un de ceux qui l'accompagnent.

Christophe Castaner a préféré décliner l'invitation à l'anniversaire d'Édouard Philippe. Plutôt que de festoyer, le ministre de l'Intérieur a pris le chemin de Maisons-Alfort. Il va rencontrer l'escadron de gendarmes mobiles. « *Les mecs rentrent, ils ne sont pas propres, ils sont peinturlurés, c'est dur à voir.* » Certains gendarmes sont dépités. « *On a perdu une bataille.* » Le patron de Beauvau sait qu'ils ont raison. « *C'est vrai. Pour autant, on perd une bataille, mais on ne perd pas la guerre.* » Il sait aussi que les forces de l'ordre « *se préparent à gagner la guerre le samedi d'après* ».

« On était à deux doigts que ça tombe. »

Il descend de son avion ce dimanche au petit matin. Retour sur terre. Jamais cette expression n'a si bien porté son nom. Emmanuel Macron vient de passer douze heures dans les airs. Du chaos parisien, il n'a vu que des images. Avant de s'envoler de Buenos Aires, il a longuement échangé avec son ministre de l'Intérieur. Christophe Castaner a senti que le Président était « *inquiet* ». Mais l'adjectif est en deçà de la réalité. Le chef de l'État descend la passerelle et monte dans sa voiture. Son directeur de cabinet, le préfet Patrick Strzoda, s'assoit à côté de lui. « *On était à deux doigts que ça tombe.* » La phrase est cash. Lucide. Dans la bouche de ce haut fonctionnaire placide, bête noire des manifestants anti-loi travail bretons, elle vaut aveu. Au plus haut sommet de l'État, au palais de l'Élysée, à quelques dizaines de mètres des Champs-Élysées, on a eu peur. Peur que les Gilets jaunes prennent le dessus. Peur que les institutions ne résistent pas.

Emmanuel Macron sait qu'il ne peut laisser s'installer cette image d'effroi. Le Président va se rendre à l'Arc de triomphe. Et produire d'autres images que celles du monument vandalisé qui s'étalent à la une de la presse du monde entier. La dernière fois qu'il s'est rendu au pied du monument, c'était seulement trois semaines auparavant. Ce 11 novembre, Emmanuel Macron célébrait le centenaire de l'armistice de la Grande Guerre aux côtés d'Angela Merkel, Donald Trump et Vladimir Poutine. Il avait prononcé un discours enlevé sur la paix, appelant le monde à refuser « *la fascination pour le repli, la violence et la domination* ». C'était avant les Gilets jaunes. Il y a un siècle.

Ce dimanche 2 décembre, tout a changé. Le chef de l'État arrive à pied sous l'Arc de triomphe. Il se recueille sur la tombe du Soldat inconnu. Sans dire un mot. Les yeux perdus dans le vide, il enjoint le président du Centre des monuments nationaux : « *Rouvrez le plus vite possible.* » Puis il s'éloigne et s'engouffre avenue Kléber pour remercier les forces de l'ordre et réconforter les commerçants. Des Gilets jaunes se glissent sur son passage et le huent, quand quelques passants l'applaudissent.

Des semaines plus tard, dans son bureau élyséen, le Président revient sur ce qui s'est passé ce samedi place de l'Étoile : « *La République n'a jamais tremblé. Mais la sécurité de l'Arc de triomphe et des Champs-Élysées a été débordée. Sans doute y a-t-il eu des défauts dans l'anticipation et la maîtrise du maintien de l'ordre. Il y a eu des erreurs. On n'aurait pas dû faire une organisation avec des fan zones, ni positionner des forces statiques en laissant passer les gens. Ce n'est en aucun cas la faute des forces de l'ordre, à qui je veux rendre un hommage très appuyé.* » Voilà ce que le Président analyse a posteriori. Mais ce dimanche 2 décembre, c'est l'inconnu qui domine.

Il est 11 heures lorsque, à France Télévisions, Léa Salamé et l'équipe de « L'Émission politique » se mettent à chercher des invités pour la soirée spéciale Gilets jaunes. Les événements de la veille ont précipité cette grande explication télévisuelle. La direction de la télé publique a choisi de bousculer ses programmes. Léa Salamé et Alix Bouilhaguet, la rédactrice en chef de l'émission, appellent Matignon et préviennent l'Élysée : « *Nous souhaitons la parole la plus forte de l'exécutif, y compris le Président.* » Puis elles contactent Christophe Castaner, Gérald Darmanin et Benjamin Griveaux, le porte-parole du gouvernement. L'émission sera bien plus compliquée que prévu. La députée LREM Amélie de Montchalin accepte de venir en fin de matinée, mais elle reconnaît qu'elle n'a pas d'informations sur ce que va décider le pouvoir. « *Je ne sais pas si je serai utile.* » Les figures des Gilets jaunes, Jean-Luc Mélenchon et les responsables du Rassemblement national acceptent d'emblée.

À midi, Emmanuel Macron réunit des ministres et des collaborateurs à l'Élysée pour faire le point sur la situation. Et commencer à esquisser des changements stratégiques. La veille a été un traumatisme. Les forces de l'ordre ont perdu la bataille. Tous le savent. Il faut donc changer de stratégie. Le ministre de l'Intérieur l'admet : « *On a un vrai problème. Nos armes d'ordre public ne correspondent pas à la violence de nos adversaires. On répond par la démocratie à des gens qui s'assoient sur la démocratie. Là on est déséquilibré.* » Et pourtant, plus de 10 000 grenades (7 940 grenades lacrymogènes, 800 grenades de « désencerclement » et 339 grenades GLI-F4) ont été lancées à Paris par les forces de l'ordre, 776 cartouches de lanceurs de balles de défense, ex-Flash-Balls, ont été utilisées la veille. Plus en une journée qu'en une année. Que faire ? Comment reprendre pied ? Le ministre de l'Intérieur reconnaît qu'il y a un « *vrai problème. Il y a un débat sur le niveau d'armement de nos forces. Si on ne met plus de lacrymos, de GLI, voire de balles plastiques, il restera les vraies balles. On a des forces de sécurité qui sont sacrément couillues et pêchues, quand on voit que là elles ne subissent pas la pression au point de tirer.* » Il fait tout pour ne pas en arriver là. La veille, le pouvoir a été surpris par le niveau de violence et par le profil de ceux qu'ils avaient en face d'eux. « *Les violences ne sont pas seulement le fait d'ultras, mais elles viennent aussi d'hommes de 25 à 45 ans socialement intégrés, propriétaires de leur pavillon. Des Gilets jaunes sont devenus violents. Pas tous. Il y a un effet de mimétisme, d'inhibition* », constate le patron de Beauvau.

Au lendemain du samedi de chaos, le ministre de l'Intérieur sait qu'il ne peut plus continuer comme avant. Il va tout changer. « *La doctrine depuis le préfet Massoni à la préfecture de police, c'était :*

“On stabilise, on fatigue, et on nettoie.” Mais on stabilise. C’est ce qui s’est passé le 1er mai, ce qui se repasse sur les Champs dès le deuxième samedi. Au fond, les Gilets jaunes, ils sont là, ce n’est pas grave. » Dans les petites rues parisiennes, les forces de l’ordre ont parfois du mal à intervenir. Mais jusqu’aux Gilets jaunes le 1er décembre, cela avait tenu. Et cela ne tient plus. « *C’est cette doctrine qui vit jusqu’à l’Arc de triomphe, et qu’on bouscule totalement. Là, c’est vrai, on change tout.* »

Ce dimanche, tout le monde sent que le pouvoir est fragile, que le pays peut basculer. Sur les ronds-points, dans les cortèges, un cri monte : « *Macron démission* ». À 16 heures, à quelques encablures de l’Élysée, un député ceint de son écharpe tricolore va le proclamer. À sa façon. Provocatrice. Celle d’un élu du peuple qui se paie au SMIC. Celle d’un ancien journaliste qui passe ses journées à écouter les Gilets jaunes sur les ronds-points de sa circonscription et à noircir ses carnets de ce qu’on lui dit. « *Qu’ai-je entendu durant deux jours ? “Il va terminer comme Kennedy.” “Si je le croise, tant pis, je monterai en prison.” “Vous voyez la croix sur le terre-plein, il va finir pareil.” Ces mots sont prononcés par des intérimaires, par des retraités paisibles, des habitants ordinaires. Je me suis appliqué à les tempérer, à argumenter, à modérer. La violence ne mène à rien.* » Le député Insoumis de la Somme, qui a grandi à Amiens comme Emmanuel Macron, continue. « *Mais c'est lui, le président de la République, qui depuis dix-huit mois déchire la République. C'est lui qui avec son arrogance déchire la France. C'est lui qui met notre pays à feu et à sang.* » Alors il se fait, au sens propre, le porte-parole de la colère jaune et de son exigence dégagiste : « *"Macron démission", c'est le mot d'ordre entonné partout* […] *Cette exigence de notre peuple, c'est mon mandat, c'est ma mission. Je viens la relayer ici devant l'Élysée. M. Macron doit partir avant de rendre notre pays fou, fou de rage.* »

Le pouvoir est fragile. Et muet. Le Président ne parle pas. Comment le défendre quand nul ne sait ce qu'il pense ? Comment aller au front quand le patron ne donne pas de consigne, que vous ne connaissez pas le plan d'attaque ? À France Télévisions, la préparation de « L'Émission politique » se corse tout au long de l'après-midi. Le pouvoir est aux abonnés absents. Léa Salamé est stupéfaite : « *Soit on reçoit des réponses négatives, soit pas de réponse. Au fur et à mesure, on était ahuri en recevant les messages de l'Intérieur : "Vous aurez Griveaux ou Darmanin." Darmanin a envie, puis non. Griveaux tergiverse. Alors que le casting des opposants se fait sans souci.* » La rédactrice en chef Alix Bouilhaguet n'en revient pas : « *Un bordel ? C'est un euphémisme. C'est exaspérant de se retrouver face à une telle vacance du pouvoir. J'ai la sensation qu'ils croient qu'envoyer quelqu'un, c'est l'envoyer au bagne ou sur le poteau d'exécution.* » Le benjamin du gouvernement, Gabriel Attal, secrétaire d'État depuis un mois et demi, accepte de venir. Il défendra le pouvoir aux côtés d'Amélie de Montchalin. « *On attendait des ténors, mais eux ont eu du cran* », reconnaît Léa Salamé. Le porte-parole du gouvernement ne répond plus. À 19 h 15, coup de fil agressif de Benjamin Griveaux : « *Je n'ai jamais confirmé ma venue. Je ne viendrai pas sur votre plateau.* » La raison ? « *Je dois m'occuper de mes enfants.* » Le lendemain, son équipe expliquera qu'il n'est pas venu car il devait être en hotline avec le Président ! Gilles Le Gendre, patron des députés En Marche, refuse aussi de venir.

À 20 h 45, les téléspectateurs se passionnant pour la crise des Gilets jaunes découvrent la « *vacance du pouvoir* ». Au lendemain du chaos parisien, après trois semaines de révolte, alors que sur les ronds-points et dans les cortèges on fustige : « *Macron ne nous parle pas, il nous méprise* », c'est un jeune homme de 29 ans très peu connu et une députée elle aussi inconnue du grand public qui l'incarnent. Image terrible. Léa Salamé n'en revient pas : « *Nous avons fait*

3,5 millions de téléspectateurs. Ça méritait une parole gouvernementale de haut niveau. » Le pouvoir n'a pas voulu se montrer. Mais le pouvoir râle. Pendant l'émission, le directeur de l'information de France Télévisions reçoit un message du directeur de la communication de l'Élysée, Sylvain Fort, se plaignant qu'il y ait trop peu de République en Marche sur le plateau !

Ce dimanche, le pouvoir a été « *à deux doigts* » de tomber. Les Gilets jaunes l'ont compris. Thierry est rentré à Marseille. Il se repose en famille après une journée cruciale. « *Le 1*^{er}*, c'est ce qui met le feu aux poudres.* » Fabien est retourné sur le rond-point de Fleury-sur-Andelle. Déterminé à revenir pour l'acte IV. « *Paris, c'était magique.* » L'inventeur du Gilet jaune, Ghislain Coutard, n'a pas quitté Narbonne. Il retourne bloquer les ronds-points. Et sait que l'histoire s'est jouée la veille. Qu'elle aurait pu être différente si elle s'était poursuivie le lendemain. C'est son sujet d'« *accrochage* » avec Éric Drouet : « *À Paris, ça ne se passe que le samedi. À 19 heures, c'est fini. Ailleurs, on tient toute la semaine. Si vous aviez continué, après l'Arc de triomphe, comme les policiers étaient à bout, on aurait gagné.* »

« Arrête de t'accrocher. Ce n'est pas une réforme, c'est une taxe. »

Jour d'hésitation. Que faire ? Continuer comme si de rien n'était ? Ou tout changer ? Tenir ? Ou enfin céder ? Le pouvoir tergiverse. À l'Élysée, la journée s'annonce tranquille. « *Il voit des chefs gastronomiques* », confirme son entourage aux journalistes qui demandent ce que va faire le Président ce midi-là. À Beauvau, l'ambiance est différente. Une réunion se tient avec le ministre, le secrétaire d'État, la préfecture de police, la direction générale de la Gendarmerie nationale et la direction générale de la Police nationale. Ils ont reçu « *la commande politique* », selon Christophe Castaner : « *On nous demande de revoir notre copie.* »

Alors « Casta » le dit à tous les patrons des forces de l'ordre : « *Il faut tout revoir.* » Certains, dans la maison, sont sceptiques. Le ministre est novice, ce n'est pas un spécialiste de l'ordre public. Mais il a rencontré des policiers et des gendarmes le samedi. Il utilise ce qu'ils lui ont dit pour convaincre. Il répète : « *Nous, on tenait des sites qu'il n'était pas nécessaire de tenir et on n'a pas pu intervenir, les repousser.* » Les forces de l'ordre iront au contact, elles seront mobiles.

À 10 heures, les socialistes Olivier Faure, Valérie Rabault, la patronne des députés PS, et Patrick Kanner, président du groupe socialiste au Sénat, entrent dans le bureau du Premier ministre, au premier étage de l'hôtel Matignon. Face à eux, trois hommes en costume sombre : Édouard Philippe, Marc Fesneau, le ministre des Relations avec le Parlement à sa droite, et Gilles Boyer, le conseiller et ami du Premier ministre à sa gauche. « *Si tu nous as convoqués pour nous dire : "Le cap ne change pas", ce n'est pas la peine. Ce sera l'affrontement non pas seulement avec l'opposition, mais avec les Français* », affirme d'emblée le patron du PS. Philippe sait qu'il faut éteindre la crise sociale et politique. Très vite, le juppéiste droit dans ses bottes montre que le pouvoir s'apprête à céder. Pour sortir de la crise, il prévient, sans donner tous les détails, qu'il va annoncer « *des mesures de détente* », préalables au débat parlementaire et au processus de discussions nationales et décentralisées. « *Avec qui auront lieu ces discussions ? On parlera de quoi ?* », s'enquiert Faure, qui le premier a plaidé pour des états généraux du pouvoir d'achat. Les socialistes veulent rétablir l'ISF, parler des salaires, de la transition écologique. Le locataire de Matignon répond par une pirouette : « *Quand on parle de la fiscalité écologique, on parle de tout.* » Est-il flou parce qu'il ne veut rien dévoiler ? Ou flou parce qu'il ne sait pas ce que veut vraiment le Président ? Ce lundi-là, le pouvoir n'est guère explicite. Mais les socialistes sortent certains qu'ils annonceront le lendemain « *un moratoire sur la hausse des taxes sur le carburant* », cette hausse qui a déclenché la colère jaune.

À 10 h 45 pétantes, rendez-vous suivant. L'opposition toujours. Mais la droite, l'ancienne famille du Premier ministre. Cette fois, il n'y a que des hommes. Des deux côtés de la table. Puisque les Républicains sont représentés par le patron du parti, Laurent Wauquiez, celui des députés, Christian Jacob, et celui des sénateurs, Bruno Retailleau. Pendant que les chefs des

Républicains parlent, le Premier ministre et ses acolytes prennent des notes « *sur leurs cahiers Moleskine* ». L'ambiance est fraîche, Philippe et Wauquiez se détestent. « *Il n'y a plus de hausse des taxes sur le carburant. Pourquoi ? Parce que le Sénat l'a supprimée ! La seule manière pour qu'elle revienne, c'est qu'un amendement soit déposé à l'Assemblée* », pointe Bruno Retailleau. Et le patron des sénateurs LR de tancer Édouard Philippe : « *Êtes-vous sûr d'avoir une majorité à ce moment-là ?* » Un ange passe.

Peu après, les écologistes entrent à leur tour. Preuve de la précipitation du pouvoir, ce rendez-vous a eu du mal à se monter. L'équipe d'Édouard Philippe ne savait pas comment joindre le secrétaire national d'EELV, David Cormand. Ils ont donc appelé la préfecture de Seine-Maritime, qui a appelé la personne d'astreinte à la métropole Rouen Normandie, qui a appelé la maire de Canteleu, où le patron des écolos est élu. Et celle-ci l'a appelé : « *David, Matignon te cherche.* » Et voilà l'écolo face au Premier ministre. « *Il faut augmenter le SMIC* », demande Cormand. « *Un coup de pouce au SMIC, ça ne se voit pas trop* », démine Philippe. Et face aux écolos qui avaient quitté le gouvernement de François Hollande, le Premier ministre fait une allusion énervée à l'ex-Président sur le thème « *C'est irresponsable qu'un ancien chef d'État dise aux Gilets jaunes de continuer.* » Cormand observe Philippe, il le trouve « *sidéré, inquiet* ».

Branle-bas de combat à l'Élysée. Brigitte Macron est furieuse. Elle vient d'apprendre qu'elle doit participer au déjeuner qu'organise son mari avec des chefs étoilés du monde entier. Ses conseillers tiltent. « *L'image serait dévastatrice. Les gens crèvent de faim et vous, vous déjeunez avec des chefs étoilés.* » Elle est sur la même ligne. Prévient son Président de mari : « *Je ne m'y rendrai pas et tu ne devrais pas.* » Elle lui conseille d'annuler. Après quelques minutes de réflexion, il annule sa venue… mais demande à son épouse de le représenter. Elle refuse. Elle a prévu ce midi-là de rencontrer des associations de personnes handicapées. Elle ne va pas leur faire faux bond à la dernière minute, qui plus est pour s'afficher avec des grands cuisiniers. Le Président ronchonne. Il n'aime pas que son agenda lui soit dicté par les événements. Mais finalement, il se range à l'avis de son épouse. Annule le déjeuner de chefs. Et va avec Christophe Castaner partager le repas des CRS mobilisés le 1er décembre autour de l'Arc de triomphe.

À 14 heures, Delphine Batho entre dans le bureau du Premier ministre. L'ancienne ministre de l'Écologie connaît bien les lieux, elle les reconnaît même. « *C'était la chaise sur laquelle j'étais assise le 2 juillet 2013 au matin, le jour de l'arbitrage sur l'affectation de la taxe carbone au CICE. J'ai dit que je n'étais pas d'accord et cela a sans doute aggravé mon cas. J'ai été limogée l'après-midi même.* » Et elle ajoute : « *J'ai dit ce jour-là au Premier ministre : "Si l'écologie n'est pas affectée à l'écologie, il y aura une explosion sociale."* » Prémonitoire. Édouard Philippe sourit et glisse à la députée des Deux-Sèvres : « *Merci pour ce rappel historique.* » Celle qui a été présidente de la FIDL et est donc experte en mobilisations lycéennes prévient le Premier ministre : « *Les mouvements sociaux, c'est contagieux. Attention à la réforme des lycées dans les territoires ruraux.* »

À 15 heures, c'est au tour de Marine Le Pen. « *Vous n'avez que quelques heures pour mettre fin à cette situation quasi insurrectionnelle. Il y a vraiment urgence* », lance-t-elle d'emblée. Et elle appuie : « *Le mode de scrutin actuel pour les législatives crée l'illusion d'une majorité à l'Assemblée nationale et vous êtes aveuglés par cette illusion.* » Elle est cash : « *Il faut que le gouvernement recule, car les Français, eux, ne le peuvent pas, ils sont dos au mur. Vous ne serez pas le seul gouvernement à revenir sur une mesure impopulaire, d'autres ont préféré rester droits dans leurs bottes, et on sait ce qu'ils sont devenus.* » Édouard Philippe, lieutenant d'Alain Juppé, esquisse un sourire. « *Merci de votre franchise*[1]. »

Puis c'est Benoît Hamon. « *Je dois faire face à l'opposition, mais il faut aussi que je gère ma majorité et les camarades du Modem* », déplore Édouard Philippe devant ces opposants de gauche étonnés de voir l'ami de François Bayrou Marc Fesneau noter comme si de rien n'était. « *On a été extrêmement surpris par l'organisation et les modalités d'action des Gilets jaunes samedi. Les forces de l'ordre sont fatiguées. S'il y a en plus les lycéens, ce sera encore plus compliqué* », avoue le Premier ministre, qui prévient : « *On va changer de méthode.* » Hamon et ses amis comprennent que les forces de l'ordre vont aller au contact. Ils sont inquiets. Ils savent que les jeunes ont décidé d'entrer en mouvement. « *Les lycéens, c'est comme le dentifrice. Quand ils sont sortis du tube, on ne peut plus les y faire rentrer* », rappellent en souriant

1. « "Gilets jaunes" : Édouard Philippe face aux chefs de parti, récit d'une journée "crépusculaire" », Cécile Amar et Paul Laubacher, le 3 décembre 2018, *L'Obs*.

les anciens leaders jeunes Benoît Hamon et Régis Juanico. Et l'un se dédouane : « *On a créé l'UNL* (Union nationale lycéenne, qui appelle aux manifestations à ce moment) *en 1994, mais aujourd'hui, la créature a échappé à ses créateurs.* »

Le Premier ministre reçoit ensuite des partis de sa majorité. La discussion est plus franche. « *Arrête de t'accrocher. Ce n'est pas une réforme, c'est une taxe. Abandonner une taxe, ce n'est pas grave* », enjoint un député à Édouard Philippe. La journée de consultation se termine. Le Premier ministre est fatigué. Tous ses interlocuteurs l'ont vu. Le pouvoir a tremblé. Les stigmates sont encore là. L'« *atmosphère assez crépusculaire* » a frappé celles et ceux qui ont défilé dans son bureau. « *Philippe est atteint, physiquement atteint. Je l'ai connu plus fier de ce qu'il faisait. Le type ne sait pas très bien où il va. Il ne sait pas très bien quel sera son sort, s'il sera toujours là à la fin de la semaine. Ça se voit* », témoigne un de ceux qui le connaissent bien. Les Gilets jaunes dans la rue, la majorité s'inquiète de plus en plus ouvertement de la surdité du pouvoir. L'enfer de Matignon n'a jamais aussi bien porté son nom. « *Il est très fatigué, épuisé, ses yeux rentrent dans son visage. Il ne va pas bien* », décrit un autre qui côtoie le Premier ministre depuis des années.

À Beauvau, tout au long de la journée, le changement de doctrine s'enclenche. « *Je veux qu'on sorte les véhicules blindés* », exige Castaner. On lui en lâche six. Il en exige plus. « *Il n'y en a que six qui marchent* ? » « *Non, il y en a plus.* » « *Et pourquoi, je n'en ai pas plus ? J'en veux quatre sur la place de l'Étoile.* » Le bleu va dominer le jaune.

Éric Drouet fait une pause dans son camion de fret aérien, « *là où les Nantais se sont accaparé la piste ce week-end* ». Il entame un Facebook live. « *Si on fait un samedi de plus, c'est fini. Soit les forces de l'ordre vont s'énerver et ça va très mal se passer et il y aura une très mauvaise image de la sécurité en France. Sinon, ils posent leurs casques et ils arrêtent. Je crois qu'ils sont à bout de toute façon* [...]. *Ils sont là en train de taper sur des gens qui ont les mêmes problèmes qu'eux et ça passe pas.* » Un internaute demande à l'initiateur du mouvement si le samedi, l'objectif c'est l'Élysée. « *On aimerait bien aller tous à l'Élysée. Faudrait vraiment qu'un samedi tout le monde soit vraiment uni jusqu'au bout et avance en direction de l'Élysée. Si les forces de l'ordre sont vraiment fatiguées, à un moment donné, ils ne pourront pas refuser quoi que ce soit. À un moment donné, ils laisseront passer. Soit ce samedi, soit le prochain.* »

« Ils me tueront peut-être d'une balle, mais jamais d'autre chose. »

Il est un peu plus de 10 h 30 ce mardi 4 décembre. Patrick de Perglas entre à l'Élysée. Vêtu de sa « parka jaune », sous les ors de la République, il détonne. Un gendarme lui demande de l'ôter, comme si le jaune était en lui-même une couleur maudite. Il refuse. « Gépy », c'est son surnom, a mené une grève de la faim pendant onze jours et a marché de Chalon-sur-Saône jusqu'à Paris pour soutenir les Gilets jaunes. Quelques jours auparavant, cet élagueur paysagiste a été reçu par Édouard Philippe et a interrompu son jeûne de protestation dans la cour de Matignon. Mais il veut parler au Président. Celui qui est élu.

Le rendez-vous a été calé la veille au soir tard. SMS d'une conseillère : « *M. de Perglas, je vous attends à 10 h 45 au 55, rue du Faubourg-Saint-Honoré. Le Président vous recevra à 11 heures.* » Le Gilet jaune a à peine le temps de s'installer dans le salon qu'Emmanuel Macron déboule. Patrick de Perglas est stressé. Toute la nuit, il a rédigé une lettre, s'inspirant de ses rencontres avec les Français. Il évoque Ozanne, qui lui a « *remis un chapelet* », Sandy qui « *habite dans sa voiture sous le parking de la piscine de Chalon* ». Il a peur de ne pas trouver ses mots, alors il lit sa missive. Et lui parle un peu : « *Je ne vis plus. Ma femme ne me reconnaît plus.* » Le Président le reçoit pendant « *trente minutes* ». Il l'écoute plus qu'il ne lui parle, lui glisse : « *Faites attention à vous* » ou : « *Bravo pour votre engagement et votre démarche pacifiste.* » Et ressort « *touché* ». Conquis, de Perglas raconte sa rencontre sur sa page Facebook « 30 jours pour le peuple » et ses 11 000 membres. Quelques félicitations et une pluie de critiques contre le Président. « *Vous avez été manipulé* », « *empapaouté* », « *Votre message est beau, mais nous ne croyons plus en Macron* », « *Il s'en moque* ».

À Matignon, à midi et demi, le Premier ministre annonce les fameuses « *mesures de détente* ».

Le pouvoir cède enfin aux Gilets jaunes. Édouard Philippe prévient : « *Fixer le cap et le tenir est une nécessité pour gouverner la France. Mais aucune taxe ne mérite de mettre en péril l'unité de la nation.* » Il annonce la « *suspension pendant six mois de la hausse de la taxe carbone, de la convergence diesel-essence et de la hausse de la fiscalité sur le gazole entrepreneur non routier* [...] *Le gouvernement renonce provisoirement à l'alourdissement des conditions de contrôle technique sur les automobiles, qui était prévu l'an prochain, pour une durée de six mois* [...] *Il s'engage aussi à ce qu'il n'y ait pas de hausse du tarif de l'électricité d'ici à mai 2019.* » Philippe promet un « *large débat sur les impôts et les dépenses publiques* ».

Le moratoire de six mois ne passe pas. « *Les gens vont comprendre l'entourloupe. Dans six mois, ce sont les Européennes* », envoie immédiatement un pilier de la majorité à Emmanuel Macron. Les Gilets jaunes crient à l'« *enfumage* ». Au service d'information du gouvernement, on fait tester le terme « moratoire » « *auprès de panels* ». Le résultat est éloquent : « *Le terme est inconnu. En quali, on ne sait pas ce que ça veut dire.* » Dany Cohn-Bendit envoie un SMS à Emmanuel Macron : « *Il faut que tu clarifies les choses mercredi ou jeudi.* » « *Non, c'est trop profond* », lui répond le Président. Mais finalement, le lendemain, pendant que le Premier ministre défend la suspension de la hausse des taxes à l'Assemblée, l'Élysée fait savoir qu'il s'agit bien d'une « annulation ».

A posteriori, le Président l'admet : « *Le mot "moratoire" est trop compliqué. C'est pour cela qu'on explique très vite qu'il s'agit bien d'une annulation.* » Lui, l'ancien inspecteur des finances à la pensée complexe, accuse : « *Il y a un langage technocratique dans lequel trop se sont installés et qui crée de la distance et de l'incompréhension. Je pense que c'est mortel pour tout le monde de commencer à dire des choses que les gens ne comprennent plus.* »

En début d'après-midi, ce mardi 4 décembre, le Président s'envole pour Le Puy-en-Velay. Il veut constater par lui-même les dégâts dans cette préfecture incendiée le samedi 1er. Et montrer qu'il est au côté des agents de l'État. Le déplacement est secrètement organisé pour éviter un comité d'accueil jaune. Quelques minutes avant d'arriver, le Président demande à son chauffeur de s'arrêter. Il descend. Croise trois personnes qui sortent de leur véhicule. Emmanuel Macron aperçoit le gilet jaune sur le pare-brise. La conversation s'engage sur le « *pouvoir d'achat et le carburant* », les « *distances pour aller à Saint-Étienne et Lyon* », le « *recul des services publics* ». Un témoin de la scène se souvient que ces Gilets jaunes ont « *le sentiment que les impôts payés ne sont pas justes, car eux voient les services publics fermer un à un* ». Quelques mètres plus loin, Macron croise un couple. « *Le travail ne paie pas* », balancent les deux jeunes gens qui ont l'impression de « *ne plus progresser dans la vie* ». Cinq minutes de discussions impromptues en tout et pour tout. Le Président est attendu à la préfecture de Haute-Loire. Son arrivée est dévoilée sur les réseaux sociaux, des groupes de manifestants commencent à affluer.

Les stigmates de l'attaque sont toujours là : les fenêtres cassées, le mobilier en cendres. Le préfet raconte au Président la lutte entre les « 30 » policiers et les « 200 » manifestants qui criaient : « *Vous allez tous griller comme des poulets.* » Emmanuel Macron réconforte de nombreux fonctionnaires encore choqués. « *On a cru qu'on allait y passer, monsieur le Président, juste parce qu'on servait l'État.* » Il se souvient de cette phrase. Mais les paroles qui l'ont le plus marqué, ce sont celles qu'il perçoit en sortant. En remontant dans sa voiture, pour aller à la caserne, il entend les sifflets, les hurlements, les « *Démission* », « *Enculé* », « *Président des riches* ». Une vingtaine de manifestants, certains avec des gilets jaunes.

« *On va aller les voir* », réclame le Président. « *Non, monsieur, on n'y va pas* », réplique un de ses agents de sécurité. Il obéit. Remonte dans sa voiture. Ouvre sa fenêtre. « *Tous pourris.* » « *Macron démission.* » Il ferme sa fenêtre. La sécurité du Président s'approche pour protéger son véhicule. La voiture s'éloigne, un manifestant court derrière : « *Crève.* »

Dans l'avion qui le ramène à Paris, nul n'ose parler. Ce qu'il a vu, ce qu'il a entendu laisse des traces. Lui qui a toujours voulu être aimé, qui adore séduire, perçoit la haine. À son retour, il se confie : « *Il faut tenir. Je ressoude partout. Et dès que c'est consolidé, je réattaque.* » Emmanuel Macron croit en sa bonne étoile. Il veut montrer que rien ne peut l'atteindre. À certains de ses amis, il murmure cette nuit-là : « *Ils me tueront peut-être d'une balle, mais jamais d'autre chose.* »

« Pouvoir politique, juges, médias. Tout s'effondre. »

Les Gilets jaunes ont des enfants. Qui à leur tour descendent dans les rues. Les lycéens se greffent au mouvement. Pas ceux des centres-villes, des établissements huppés, mais ceux des lycées pro, des bahuts des villes moyennes, des quartiers excentrés. Certains mettent leur gilet de sécurité, d'autres s'inquiètent du nouveau bac, de Parcoursup. Ils bloquent les lycées avec des poubelles, filtrent les entrées, comme leurs parents filtrent sur les ronds-points. Comme tant d'autres générations l'ont fait avant eux. Le pouvoir, comme tous les pouvoirs, craint une contagion de la colère dans la jeunesse.

Le ministre de l'Éducation reconnaît la part inédite de ces manifestations : « *Il y a eu des mouvements dans des lieux qui ne sont pas ceux habituels de départ de contestation lycéenne. Dans certaines villes moyennes, il y a eu une contamination directe du mouvement des Gilets jaunes en direction des enfants. C'était plus le sentiment d'un avenir social bouché, de difficultés sociales générales des parents traduites ensuite par les lycéens. Et puis dans des villes comme Marseille ou Toulouse avec des violences urbaines, on voit que c'est une contamination de difficultés urbaines dans les banlieues.* » Des lycéens sortent dans la rue, des blocages sont organisés, des manifestations ont lieu à Marseille, Grenoble, Rouen, Orléans, Paris et sa banlieue. Et dès le début, le mouvement lycéen est réprimé. Plus fortement et plus systématiquement que les autres mouvements lycéens ? Jean-Michel Blanquer s'inscrit en faux : « *Ça fait partie des intoxications. Tout un milieu d'extrême gauche cherche à tout prix à toujours décrire les choses avec un prisme totalement déformé. Il n'y a rien de plus faux. La violence a été extrême. Il y a eu beaucoup d'agressions de chefs d'établissement et de professeurs. On a réagi de manière proportionnée. C'est tout le contraire. On a été la cible de provocations.* »

Entre le 3 et le 17 décembre, le ministère de l'Intérieur comptabilisera « 3 679 interpellations et 3 220 gardes à vue » de lycéens (quand entre le 17 novembre et le 17 décembre, il y a eu 5 229 interpellations et 4 612 gardes à vue de Gilets jaunes). Le 3 décembre, à 18 heures, le point de situation du ministère de l'Intérieur dénombre « 53 lycéens blessés ». Le 4 décembre, à 18 heures, on peut lire « 43 lycéens » blessés « dont 2 UA » (pour urgence absolue). Le 5 à 18 heures « 38 lycéens » blessés « dont 5 UA ». Le 6 à 18 heures « 65 lycéens » blessés (1 UA). Le 7 à 18 heures « 46 lyc. blessés ». La presse se fait écho de ces mineurs gravement touchés. Le 3 décembre à Grenoble, Doriana, lycéenne de 16 ans, a été blessée au visage par un tir de lanceur de balles de défense. « *J'ai été opérée pendant quatre heures. Les médecins ont été obligés de reconstruire ma mâchoire inférieure avec des plaques, des vis, des élastiques* », raconte-t-elle au *Parisien*[1]. Le 5 décembre, à 9 h 15, devant le lycée Simone-de-Beauvoir à Garges-lès-Gonesse, Issam, 17 ans, « *élève en terminale scientifique, a été blessé par un tir de LBD 40.* [...] *Il a été touché à la joue, jusqu'à la mâchoire. Il est tombé devant le lycée, en sang* », raconte une enseignante dans *Libération*[2]. Le 6 décembre,

1. « Une lycéenne blessée par un tir de Flash-Ball à Grenoble : « Ma fille est défigurée », *Le Parisien*, 7 décembre 2018.
2. *Libération*, 5 décembre 2018, 21 h 18.

devant le lycée Jean-Moulin à Béziers, alors que des poubelles brûlent et que des voitures sont renversées, à 10 heures du matin, Jean-Philippe, 16 ans, perd l'usage de son œil gauche, suite à un tir de LBD. « *Je ne vois pas comment un gamin de 16 ans, situé à 30 mètres, a pu agresser le policier qui a tiré* », a dit son père, Serge Lafitte, à France 3.

Ce jeudi 6 décembre, en fin de journée, une vidéo de 153 jeunes interpellés « collectivement » par les forces de l'ordre à Mantes-la-Jolie (Yvelines) choque. Ils sont alignés en rang, à genoux, les mains derrière la nuque, leur sac à dos à l'épaule. Encadrés par des policiers debout, armés. « *Voilà une classe qui se tient sage* », entend-on. Ces jeunes ont été arrêtés suite à des violences commises en marge des blocages des lycées Saint-Exupéry et Jean-Rostand. Quand il voit, ce soir-là, les images, Emmanuel Macron s'étonne, « *lunaire* ». Jean-Michel Blanquer admet l'émoi que ces images ont suscité : « *Je mesure le poids d'une telle image, car les images, de nos jours, ont un impact énorme et celles-ci rappellent forcément des épisodes très désagréables qui ont pu se passer dans le pays.* » Mais il tient à contextualiser : « *Des jeunes s'étaient répandus dans la ville pour casser. Certains d'entre eux étaient même rentrés dans un pavillon et avaient molesté une vieille dame. Ils ont pris des bonbonnes de gaz et les ont jetées sur les forces de l'ordre.* » Le ministre appuie : « *Trente policiers doivent neutraliser plus de 100 lycéens. Ils n'ont pas les outils pour ça, pas de menottes, donc ils font avec les moyens du bord. Ils auraient peut-être pu faire autrement. Une enquête a été diligentée.* » Le ministre de l'Intérieur défend les policiers : « *Le process d'interpellation a été respecté, y compris les mains en l'air. C'est violent comme image. Mais les mains, c'est pour empêcher qu'on vide les poches. Sinon, par terre, on met de tout. Le couteau, les barrettes… Dans la doctrine d'intervention, on organise ainsi une telle interpellation.* »

Pendant que le mouvement s'étend aux lycéens, le pouvoir cherche une sortie de crise. Il voit bien que la suspension/annulation de la hausse des taxes sur les carburants ne suffit pas. Xavier Bertrand vient de plaider face à Jean-Jacques Bourdin pour une « *prime de pouvoir d'achat en plus des salaires, en plus du 13e mois, de quelques centaines d'euros* ». Le patron de la région Hauts-de-France est inquiet, il confie se « *rendre compte que beaucoup de responsables politiques perdent pied. Certains évoquent la démission du Président, d'autres la dissolution. On assiste à une surenchère de propositions extravagantes et irresponsables* ». Bertrand ne veut pas jouer à cela. Il propose cette prime, qui aurait figuré dans son programme s'il avait été candidat à la primaire de la droite en 2016. Il cherche à apaiser. « *Surtout que ces dix dernières années, entre un Nicolas Sarkozy qui n'a pas été réélu et un François Hollande qui a renoncé à être candidat, si cette fois le Président ne réussit pas à finir son mandat, la France sera ingouvernable.* » Le lendemain après-midi, le 5 décembre, il reçoit un texto d'Emmanuel Macron : « *On va reprendre ton idée de prime.* » Bertrand apprécie, mais la situation politique le préoccupe. « *Le président de la République cristallise une vraie colère.* » Lui pense qu'il faut tout changer : « *Il faut rompre avec un système dans lequel tout se décide à Paris, où la technocratie vampirise la politique, où les financiers – et c'est un homme de droite qui vous le dit – ont pris le pouvoir, où on s'interdit de prendre des idées de l'autre camp, où on décide de tout pour tout le monde.* » Quasi un Gilet jaune…

Pendant que le pouvoir élabore sa riposte, le mouvement mute. Change de revendications. Et poursuit ses actions. L'acte IV se prépare dans cet entre-deux tendu. Sur BFM, le mercredi 5 décembre, Éric Drouet affirme : « *Tous les gens veulent aller là-haut. C'est le symbole de ce gouvernement.* » « *Pour faire quoi ? Vous arrivez devant l'Élysée, vous faites quoi ?* », lui demande Bruce Toussaint. « *Ben, on rentre dedans.* » Ruth Elkrief : « *Qu'est-ce que vous y faites ?* » Lui : « *C'est le symbole de la République.*

Les gens veulent y aller, c'est tout. Pour être écoutés. Ce sera la seule solution, c'est tout. » Le pouvoir est tétanisé en entendant celui qui a lancé le mouvement expliquer tranquillement que les Gilets jaunes veulent entrer à l'Élysée.

Le lendemain matin, Éric Drouet poste une vidéo pour s'expliquer : « *Je vois tout ce qui se dit comme quoi je serais un anarchiste. Je voudrais remettre les choses au clair. Les premières manifestations se sont approchées à 200 mètres de l'Élysée et je pense que ce sont celles qui se sont le mieux passées. Ensuite, on nous a éloignés de plus en plus de l'Élysée et les manifestations se sont de plus en plus mal passées.* » Le routier appuie : « *J'ai jamais dit que je voulais aller à l'Élysée pour tout casser, mais pour se faire entendre.* […] *C'était pour le symbole.* » Puis il ajoute : « *J'ai jamais cassé sur une manifestation. C'est pas demain que ça va commencer, je suis toujours accompagné de ma mère.* » Drouet assume d'avoir, comme de très nombreux Gilets jaunes, des revendications politiques : « *Ça m'épate que ça les étonne qu'on demande le changement du gouvernement. C'est le résultat de ces trois-quatre semaines.* […] *Je ne les vois pas bouger. Je ne les sens pas prêts à changer de cap. Je nous sens pas prêts non plus à changer de cap.* » « *Macron démission* », entend-on dans les manifestations. « *Macron démission* », reprend l'initiateur du mouvement. « *La destitution de Macron, j'y pensais pas au début, mais ça devient un réel mot d'ordre pour la suite.* [...] *Mon seul souhait, c'est le changement de la vie de beaucoup de Français et d'arrêter qu'on soit dans la galère tout le temps.* »

Le Président se tait. Et autour de lui, certains ne sont plus sûrs du cap. Dany Cohn-Bendit avoue, cette semaine-là, ne pas comprendre ce que fait le pouvoir. Lui qui a toujours défendu le Président jusque-là reconnaît que son ami a commis des erreurs. Et qu'il faut changer beaucoup de choses. « *Le péché originel, c'est l'ISF et la verticalité, Jupiter et tout ce qu'il a théorisé.* » Que reste-t-il du Président si on enlève sa politique économique et sa conception du pouvoir ? Lui est un des plus vieux amis du Président, un des rares qui étaient déjà là pendant le quinquennat précédent, un de ceux qui lui murmurent à l'oreille. Son verdict n'est pas plus clément. Il commence doucement : « *Il a déclenché, un peu comme un homme providentiel, un immense espoir. Il a 40 ans. Il était inconnu. Les Français ont pris un risque. On ne pardonne rien à un jeune homme à qui on a tant fait confiance.* » Et puis crescendo : « *Il a sa part de responsabilité propre.* » Bim. « *On a plutôt élu un Mendès et on a Bonaparte. C'est une déception.* »

Docteur Mendès et Mister Bonaparte. Lequel est le vrai ? « *L'Élysée enferme. Il y a une différence entre l'empathie qu'il dégageait dans la campagne et l'image qu'il a renvoyée depuis dix-huit mois. Je le côtoie, mais les gens ne le côtoient pas.* » Et surtout : « *La perception est reine.* » Le Président que les Français perçoivent, ressentent, est par essence le vrai. Le seul qu'ils connaissent. La solution pour Dany Cohn-Bendit ? « *Il doit faire une vraie autocritique : "Je vais changer, moi."* »

À l'Assemblée nationale, ce 6 décembre, le patron des députés En Marche essaie de trouver du soutien. Et de construire une coalition momentanée. Gilles Le Gendre envoie des SMS aux autres présidents de groupe, il leur propose de signer un appel tous ensemble « contre les violences ». En plein mouvement social, alors que le pouvoir est si impopulaire, l'opposition refuse. Sous toutes ses nuances. Le Gendre n'insiste pas, comme s'il n'y croyait pas vraiment. « *Je comprends…* », répond-il simplement à Jean-Luc Mélenchon.

Le salon de marbre de l'hôtel de Marigny fait salle comble, ce jeudi 6 décembre. Il est plein à craquer. Des conseillers sont assis autour de la grande table, les autres sont debout. Le Président participe – une fois n'est pas coutume – à la réunion de son cabinet. Les Français le tannent pour qu'il parle, il garde le silence. Devant les siens, ceux qu'il a choisis pour venir à l'Élysée et qui commencent eux aussi à douter, il s'exprime : « *Ne vous laissez pas déstabiliser. C'est une crise profonde morale de la nation française dont mon élection procède.* » Emmanuel Macron trône entre son secrétaire général et son directeur de cabinet : « *Pouvoir politique, juges, médias. Tout s'effondre.* » Il éreinte ses adversaires : « *C'est une crise politique. Les deux vieilles tours jumelles LR/PS préfèrent leurs intérêts à ceux de la République.* » Puis, c'est au tour des médias : « *C'est une crise démocratico-médiatique. Les médias télévisés n'ont plus qu'une vérité : le chiffre. Ils ont contribué à l'effondrement de tous les repères. Les gens ne comprennent plus rien, car ils pensent que toutes les paroles se valent. C'est une mutation génétique de la démocratie. Je suis devenu un des personnages de leur téléréalité.* » Il assume sa part : « *Je me suis beaucoup exprimé, sans doute trop.* » Il veut leur montrer qu'il ne se laisse pas abattre : « *Quand il y a de la haine, c'est qu'il y a de l'amour. C'est quand il y a de l'indifférence que c'est le pire.* » Puis il balance contre la technostructure : « *Nous sommes habitués à une mécanique de l'État qui n'a pas changé, où règne la déresponsabilisation à tous les étages de la République. Ce système est absurde. Nous sommes vus comme une masse informée qui emmerde les Français à longueur de temps. Il faut avoir la force d'âme de reprendre le contrôle sur les choses essentielles.* » Ses troupes l'applaudissent. Il quitte la salle. Ses conseillers restent. Et posent des questions à Alexis Kohler. À propos de la technostructure d'abord. « *Ce que le Président nous a dit, il l'avait déjà dit. Comment se fait-il que rien n'ait changé ?* » Le bras droit d'Emmanuel Macron s'explique, mais ne convainc pas. Puis un membre du cabinet de Brigitte Macron lance : « *Nous connaissons le Président, sa bienveillance, son empathie, son amour des gens. Comment en est-on arrivé là, à cette image inverse de sa vérité profonde ?* » Le vrai, le faux, la perception. Ce que les gens voient. Ce que les initiés décèlent.

Pour que les téléspectateurs aient une meilleure image du pouvoir, pour que les Gilets jaunes aient un interlocuteur qui les respecte, Mounir Mahjoubi accepte, ce vendredi-là, d'aller sur le plateau de Cyril Hanouna pour un « Balance ton post ! » spécial mouvement social. Quand il arrive, il va saluer le public et lui explique qu'un secrétaire d'État c'est « *un petit ministre* ». « *En discutant avec eux, on se rend vite compte qu'on n'est pas si différent. Ça me perturbe vraiment.* » L'émission commence, elle va durer quatre heures. Une phrase fait bondir le « petit ministre » : « *Les gens de là-haut ne peuvent pas comprendre ce que c'est qu'être pauvre.* » Elle le heurte. « *Parce que je suis ministre, je n'ai donc pas de passé. Quand, petit, je faisais les courses avec ma mère, j'avais systématiquement peur au moment où elle payait de voir s'afficher "paiement refusé". C'était mon traumatisme et je l'ai encore.* » Mahjoubi a de la tendresse pour les Gilets jaunes qui sont sur le plateau ou dans le public. Le syndicaliste qu'il a été sait que leur engagement dans ce mouvement leur a valu des sacrifices personnels. C'est sur ce plateau qu'il rencontre Céline Gravade, Gilet jaune de Fréjus, qu'il continue à voir. Il se lie aussi avec « *Jean-Michel dit Zizou* », qui vient de Marseille, et « *n'a pas fait l'école mais a lu des livres* ». À la fin de l'émission, il écrit une lettre au ministre et lui offre *Montserrat* d'Emmanuel Roblès. Dans la nuit et les jours qui suivent, Mounir Mahjoubi reçoit 600 messages Facebook. « *C'est bouleversant. La plupart des échanges commencent par : "Je n'aime pas votre gouvernement, je n'aime pas votre Président, mais j'ai apprécié que vous nous écoutiez enfin."* » Parler à un « petit ministre », en attendant que le Président leur parle. Enfin.

« Je ne vois plus. J'ai la sensation qu'une balle m'a touché. »

Samedi de revanche. Samedi de reconquête de l'ordre public. La démonstration bleue est en marche. Fabien et ses amis sont partis encore plus tôt de leur rond-point normand. À 6 h 30, ils se garent porte Maillot. Ils veulent retourner place de l'Étoile, puis accéder aux Champs-Élysées. À 7 h 10, ils sont sur l'avenue de la Grande-Armée. « *On a fait 10 mètres à pied et on s'est fait embarquer.* » Les forces de l'ordre fouillent les manifestants. Saisissent leur matériel de protection (masque, casque, sérum physiologique, etc.). Et arrêtent ceux qui leur semblent suspects. Fabien a sur lui des « *billes de paintball, un masque à gaz, un casque, des fusées de détresse* ». Il est arrêté. Sa journée parisienne, il la passera au commissariat.

Nicolas panse ses plaies. Blessé, il ne peut pas travailler, mais ses coéquipiers sont de retour autour de l'Arc de triomphe. « *Tous nos repos ont été annulés et mes collègues ont été rappelés.* » Les policiers et les gendarmes sont prêts à gagner « *la guerre* », comme le dit le ministre de l'Intérieur. Paris est vide. Comme en état de siège. Christophe Castaner a obtenu ses blindés, qui se tiennent aux abords des Champs-Élysées. Les Parisiens ne sortent guère. Dans de très nombreux quartiers, les boutiques sont fermées, leurs vitrines sont recouvertes de planches en bois, sur lesquelles les Gilets jaunes taguent parfois des slogans : « Macron au goulag », « La rue est à nous », « La vie en jaune », « ACAB » pour « *All cops are bastards* », parfois détourné en « *All cops are Benalla* ». Des commerces affichent parfois leur solidarité : « Fermé parce qu'on est avec vous. » Alors que cette journée devrait être celle des courses de Noël, les Galeries Lafayette, le Printemps et le BHV sont fermés.

À 8 heures, le point de situation du ministère de l'Intérieur évoque pour la France entière

« *une mobilisation faible et en baisse par rapport au 01/12. Ambiance calme* ». Cinq Gilets jaunes sont blessés. Il y a déjà 283 interpellations et 38 gardes à vue. Une demi-heure plus tard, à Paris, Beauvau compte « 50 manifestants » porte Maillot, « 500 manifestants » à l'Arc de triomphe et « 50 manifestants » place de la Bastille. Après les ratés du 1er décembre, cette fois pas de déplacement à l'étranger, pas de Lanterne pour Emmanuel Macron, qui se claquemure à l'Élysée.

Venant de Sens, dans l'Yonne, David et ses trois copains se font contrôler sur l'autoroute. « *Ils ont vu quatre mecs avec des gilets jaunes, ils ont fouillé la voiture et nous ont laissés repartir.* » Après « *260 bornes* », voilà ce gaillard de 47 ans, travaillant dans le bâtiment, et ses amis, un routier et un ancien salarié de la restauration – « *j'étais en cuisine, je travaillais soixante-dix heures par semaine* » – à Paris. Ils arborent tous l'emblème de la révolte. « *Les gens ont travaillé toute leur vie, et gagnent 800 euros. Ma mère, mes cousins n'arrivent plus à manger le 15.* » David en veut au Président : « *On veut qu'il enlève toutes les taxes, que les gens puissent manger. On lui demande de nous laisser bosser. Et de retirer les 80 km/h. C'est juste pour nous ponctionner de l'argent.* » Son copain ajoute : « *Et la CSG. Il nous taxe tout le temps.* » Ils étaient déjà à Paris la semaine passée : « *On s'est fait gazer. Et quand vers l'Arc de triomphe, les gens ont cassé une bijouterie, je me suis cassé.* »

À 10 heures, le ministère de l'Intérieur note que « les premiers heurts ont eu lieu entre manifestants et forces de l'ordre, dans le secteur des Champs-Élysées (utilisation de moyens lacrymogènes) », où ils dénombrent « 1 500 » manifestants. Et « premier emploi de la force rue Arsène-Houssaye (8e) à 10 h 27 ». Et lors de contrôles à des péages franciliens, « saisie de différents matériels de guérilla urbaine (masques à gaz, armes blanches, projectiles) ».

David et ses amis viennent justement d'essayer d'aller vers les Champs-Élysées. Ont reçu des lacrymogènes. Et se sont réfugiés place de la Bastille. « *On marchait tranquillement, on s'est fait gazer. Dites qu'on n'est pas des casseurs. Pourquoi ils nous envoient des gaz ?* » David a été choqué par les images de l'arrestation des lycéens de Mantes-la-Jolie. « *J'aime pas les CRS qui tapent sur les mômes. Les mômes, c'est les mômes.* » Il continue : « *J'aime pas mon Président qui n'était rien. Les riches s'enrichissent trop, ils ne donnent rien, se remplissent les poches. Merkel, elle a un bureau normal ; elle paie sa flotte, ses déplacements. Ils se foutent de notre gueule.* » La hausse des taxes sur l'essence n'est déjà plus la revendication, la hausse des salaires serait bienvenue, mais elle ne suffira pas non plus. Trop tard. David invente une expression pour dire ce qu'il attend d'Emmanuel Macron : « *Je veux qu'il vire, que son gouvernement dégage, qu'on fasse un parti qui s'appelle le Peuple.* » Eux contre lui. Le bas contre le haut. Il n'est pas près d'enlever son gilet jaune. « *On reviendra. On reviendra tant qu'il ne nous entendra pas. S'il faut revenir tous les samedis, on revient.* » Ils arrivent des Champs-Élysées. « *Il a dit : "Venez me chercher." On est là. On ne serait pas venu sur les Champs s'il ne nous avait pas dit : "Venez me chercher."* » David et ses copains restent place de la Bastille. « *C'est un roi. Malheureusement, ça va finir comme Louis XVI.* » Il aimerait qu'on s'occupe de « *ceux qui sont dans la merde ici, qui dorment dans la rue. Macron, il fait tout pour que ça pète.* » Un des trois autres : « *Il veut que le peuple s'énerve.* »

Thierry a tellement aimé ses samedis parisiens qu'il continue. Le Marseillais commence à avoir ses habitudes. Il prend le train tôt, arrive gare de Lyon et se débrouille pour rejoindre la porte Maillot. « *À la sortie du métro, ils m'ont pris le masque à gaz et les lunettes. Ils filtrent.* » Thierry ne va pas s'arrêter pour autant. « *En remontant l'avenue de la Grande-Armée, tout était bloqué On se faisait gazer.* » Celui qui ne se définit pas « *comme anticasseurs* » mais ne casse pas pour autant – « *J'ai 50 ans, trois enfants* » – enrage contre « *les pacifistes* ». Et observe autour de lui le « *conflit entre ceux qui disent : "Ne jetez pas de cailloux, mettez-vous à genoux les mains sur la tête"* » et ceux qui veulent affronter les forces de l'ordre.

Elle est un peu perdue dans Paris. Cindy vient d'arriver du Gard avec une amie, c'est sa première manifestation parisienne. Cette femme de ménage de 41 ans qui gagne 900 euros par mois voulait « *un plus gros point de rassemblement pacifique* » que son rond-point habituel. Elle porte son gilet jaune depuis des semaines. Parce qu'elle ne s'en sort plus. Parce que autour d'elle on ne s'en sort plus. « *On perd du pouvoir d'achat. Ma mère a perdu sur sa retraite, une amie handicapée n'est plus scolarisée, car il n'y a pas d'auxiliaire.* » D'abord « *contre la hausse des taxes* ». Et contre plein d'autres choses maintenant. « *C'est contre la politique en général, contre la mondialisation qui ne va pas avec l'écologie, contre le système.* » Et contre le Président aussi, comme tous ceux qui sont autour d'elle, place de la Bastille. « *Je le méprise. Je ne vote pas à la base. La politique, j'en suis déçue. Ça part toujours à contresens de ce qu'on veut pour le pays.* » Elle ne croit pas à la politique en général. Sa colère tombe sur Emmanuel Macron. « *Il représente tout ce qui ne va pas depuis quarante ans. C'est lui qui est au sommet, tout n'est pas sa faute.* » Mais sa faute aussi. La faute à ce qu'il dit, à la manière dont il le dit. « *Il nous méprise, c'est nous qui faisons le pays, nous, les petites mains, les retraités, les handicapés.* » Revient dans sa bouche le silence du Président. Les Gilets jaunes sont dans la rue depuis trois semaines, et il ne s'est jamais vraiment adressé à eux. « *Il ne nous parle pas, il nous méprise. Il est aux manettes de la France, c'est nous le peuple. Il préfère aller se promener.* » Elle aussi, quand elle parle des Gilets jaunes, des petits, elle dit : « *Nous le peuple* ». Depuis près de dix jours, sur les ronds-points, dans les cortèges, on parle de démocratie. Une revendication remonte. « *Pour qu'on arrête, il faudrait que tout change, qu'on prenne l'avis du peuple en compte, qu'il y ait des référendums.* » RIC, référendum d'initiative citoyenne, ou juste référendum. Mais des référendums dont le Président tiendrait compte. Pas comme le traité européen. « *J'avais voté non en 2005, mais ils l'ont fait quand même.* » Cindy est certaine de son choix : « *Le peuple a le droit de dire ce qu'il veut. Les lois, c'est 49.3 et ordonnances.* »

Pendant ce temps, à l'Élysée, la cellule de crise avancée est installée. Toutes les informations – nombre de manifestants, de ronds-points bloqués, de violences… – sont centralisées par la chefferie de cabinet, qui fait des points réguliers à Emmanuel Macron. Aux conseillers « inutiles » en ce jour de grande peur, il est demandé de ne pas venir sur leur lieu de travail. Un « réquisitionné » : « *Tous ceux qui ne sont pas dans la cellule de crise doivent rester chez eux. En cas d'intrusion ou pire, nous ne souhaitons pas devoir porter secours à trop de monde.* » Les contrôles sont renforcés. Un listing nominatif est remis aux points de passage autour de l'Élysée avec obligation de vérifier les pièces d'identité… Sauf qu'une journaliste parvient à entrer, à s'installer à son bureau et à travailler jusqu'à ce qu'un conseiller arrive pour l'expulser du palais.

À midi, Beauvau comptabilise « 27 » Gilets jaunes blessés, « 717 interpellations et 438 gardes à vue » et retient « une mobilisation stable par rapport au 01/12 avec une très nette diminution des violences » sur toute la France.

Laurence fait une pause près de la colonne de la Bastille. Derrière elle, un tag « *On ne peut pas se serrer la ceinture et baisser son froc en même temps* » signé « *Gilets jaunes for ever* ». Elle arrive de Mitry-Mory, en Seine-et-Marne. « *Je suis éducatrice. Je gagne 1 300 euros net par mois pour travailler avec des autistes sévères, 1 300 euros à 37 ans. J'ai trois enfants. Sur mes 1 300 euros, j'ai 500 euros de nourrice. J'ai des aides, mais ça ne suffit pas. On bosse depuis toujours, mon mari et moi.* » Ils travaillent tous les deux, mais s'en sortent de moins en moins. « *Je viens manifester pour qu'on puisse vivre dignement, c'est tout. C'est triste, non ?* » Pour vivre dignement. Pour vivre de son travail. Et pour dire qu'elle en a ras le bol. « *Ça fait trop longtemps. Macron paie pour tous les gouvernements qui ont été inactifs, qui ont tiré sur la corde. Il est particulièrement méprisant et odieux.* » Elle se sent « *plus proche de la gauche que de la droite* », a manifesté quand elle était lycéenne et contre la loi El Khomri en 2016. Elle veut revenir à Paris toutes les semaines. « *On a réservé tous nos samedis jusqu'à 2022 pour venir le saluer.* » Elle porte aussi un gilet jaune parce qu'elle en a assez du Président. « *Le fait qu'il se défausse, qu'il ne réponde jamais à nos demandes. Le fait qu'il envoie son Premier ministre, ses ministres pour les faire sauter à sa place.* » Comme presque tous dans cet hiver jaune, elle veut

« qu'il démissionne ». Et pourtant, s'il est Président, c'est un peu grâce à elle. « *J'ai voté pour lui.* » Elle corrige aussitôt « *ou plutôt j'ai voté contre Le Pen* ». Et immédiatement : « *Je regrette. Je le savais.* » Laurence assène : « *Il ne représente pas la France. Il ne représente pas le peuple français. Il représente sa minorité, ignorante du peuple.* » Le peuple. Toujours le peuple.

Céline Calu a été trop traumatisée par son 1er décembre parisien. Elle ne veut plus revenir. Elle préfère rester à Bernay et faire signer « *la pétition pour le RIC* ». Elle n'est « *pas assez calée pour savoir si ce référendum d'initiative citoyenne fonctionnera* », mais elle est certaine « *qu'il faut changer de système. On ne peut plus élire quelqu'un qui fait ce qu'il veut. J'aimerais qu'on ait notre mot à dire. On a l'impression qu'on n'existe pas* ».

À 14 heures, 47 gilets jaunes sont blessés (dont un en urgence absolue), 3 policiers et un gendarme blessés en France. À Paris « 3 blessés urgence relative manifestants (dont 1 journaliste identifié) par des tirs LBD ». À Valence, « un policier en maintien de l'ordre a été blessé aux jambes après avoir été molesté par des manifestants voulant empêcher une manifestation. Sortie d'arme, sans usage ».

Pendant des heures, cet après-midi, Thierry cavale dans l'Ouest parisien. « *J'ai suivi un groupe qui brûlait des voitures, fallait contourner.* » Il aime cette ambiance. « *J'ai un peu tendance à aller avec les jeunes. Je les suis. J'en raisonne certains : "Faites attention vous n'êtes pas masqués." Ils sont pris dans leur haine. Mais vous pouvez discuter avec eux.* » Et quand des passants s'en prennent à eux parce qu'ils cassent des horodateurs, Thierry explique : « *Ils les cassent, car ça représente l'État, l'argent qu'ils nous prennent.* » Autour de lui, il voit bien que la révolte vire parfois au pillage pur et simple, sans signification politique. Le Marseillais l'avoue : « *On a énormément couru, ce samedi, dans toutes les rues. Ça a perdu un peu de sa signification, les gens cassaient les vitrines.* »

Marine Le Pen est à Bruxelles. Elle participe à un meeting sur le pacte mondial sur les migrations avec le parti nationaliste flamand Vlaams Belang et Steve Bannon, l'ancien stratège de Donald Trump. En marge de cette réunion, elle affirme : « *J'appelle une nouvelle fois le président de la République à tenir compte de la souffrance qui est exprimée et à apporter une réponse, à sortir de l'Élysée, à arrêter de se claquemurer, de s'enfermer à l'Élysée.* »

À 17 h 30, sur toute la France, Beauvau note « une mobilisation en hausse par rapport au 01/12. La situation s'est tendue et les violences sont nombreuses, avec plusieurs bâtiments administratifs pris pour cible ». Les forces de l'ordre sont « prises à partie à Caen, Toulouse, Bordeaux (1 manifestant avec une main arrachée), Nantes, Dijon, Avignon, Tours, Grenoble, Marseille, Saint-Étienne ». À Paris, Beauvau retient « plusieurs incendies de véhicules et pillages de commerces ». Le point de situation dénombre « 71 blessés manifestants, dont 1 urgence absolue (tir LBD) ». Il y a « 10 000 » manifestants à Paris.

Place de la République, c'est la jonction entre la Marche pour le climat et les Gilets jaunes, une foule heureuse et joyeuse. Antoine Coste habite juste à côté. « *Je ne suis pas du tout du mouvement, je n'ai jamais enfilé un gilet jaune, je suis loin de tout ça.* » Vers 17 heures, il regarde la télé et voit que sur la place « *c'est fool ; fool, fool. C'est en bas de la maison, je me dis que je devrais aller voir* ». Le graphiste free-lance de 25 ans traîne encore chez lui. À 19 heures, des amis l'appellent : « *Viens, on est à Répu.* » Il les rejoint. « *Il fait nuit, il y a moins de monde. L'ambiance est différente de ce que j'avais vu à la télé. Des casseurs cassent Go Sport.* » Antoine et ses amis restent une demi-heure vers le boulevard Voltaire, un peu à l'écart. Les CRS chargent de temps en temps. L'ambiance n'est pas très sympathique. Il voit un groupe de CRS « *contre un mur. J'entends un mec dire : "Ils n'ont plus de munitions." Je trouve que c'est dur, j'ai de l'empathie pour eux* ». Antoine perd ses amis et songe qu'il est temps de rentrer chez lui. La rue du Temple est fermée, il dévie vers le boulevard Saint-Martin. « *Je rentre seul, je n'ai pas de gilet jaune. J'ai une casquette et une capuche. Ça sent la lacrymo.* » Il avance sur le boulevard Saint-Martin, s'éloigne de la place de la République, dépasse des camions de pompiers.

Il est 20 h 15. « *J'entends au loin vers Répu des cris, des mouvements de foule, je tourne la tête et là, boum, ça me frappe. Mais pourquoi ? J'ai rien fait. Et je tombe au sol.* » Antoine se relève « *dans l'adrénaline* », il pense qu'« *il ne faut pas rester ici. J'ai senti un coup énorme sur le visage dont je ne ressens plus le côté gauche* ». Il entend une voix : « *Oh, il a pris un Flash-Ball dans la tête* », puis une autre : « *C'est chaud, faut trouver les pompiers, Medic, Medic.* » Un homme accompagne Antoine. « *On avance. J'ai les mains pleines de sang, je ne vois plus. J'ai la sensation qu'une balle m'a touché.* » Vers la porte Saint-Martin, un camion de la protection civile attend. Celui qui accompagne Antoine toque à la porte : « *Je rentre, le mec part. Je n'ai jamais eu le temps de lui dire merci. Je me laisse prendre en charge et surtout, je ne me regarde pas. Je saigne beaucoup.* » Les soignants lui glissent : « *On va vous emmener à l'hôpital Cochin, ils sont spécialisés dans les yeux.* » Antoine comprend « *que c'est plus grave que prévu* ».

« Des violences urbaines plus classiques, avec des pillages de boutiques. » Le bilan de ce samedi tant redouté à 20 heures est assez lourd : « 225 Gilets jaunes » blessés, dont « 7 en urgence absolue, 25 « policiers nationaux », 7 policiers de la préfecture de police et « 7 » gendarmes nationaux blessés. Et surtout, il y a eu « 1 723 interpellations » et « 1 220 gardes à vue ».

Dans la soirée, Fabien sort du commissariat : « *J'ai fait douze heures de garde à vue. J'ai été déféré au parquet.* » L'audience de son procès est fixée à fin mai. Il n'a plus le droit de venir manifester à Paris. « *Du coup, j'irai à Rouen.* »

Il est 1 heure du matin à l'hôpital Cochin. Antoine est amené au bloc opératoire. Le lendemain, à son réveil, les médecins lui affirment : « *L'œil est touché, fendu en deux.* » Il y reste cinq jours. Puis est réopéré, à la Pitié-Salpêtrière cette fois, d'une fracture sous l'œil. Ce soir-là, il envoie un message Facebook à l'ami de la jeune Fiorina, 20 ans, qui a perdu un œil ce même samedi 8 décembre, sur les Champs-Élysées. Maxime et Fiorina sont eux aussi à la Salpêtrière. Ils viennent voir Antoine dans sa chambre. « *On a parlé un peu, ils sont d'Amiens. Pour une fille de 20 ans, perdre définitivement un œil, c'est vraiment dur.* » Solidarité des victimes de violences policières. « *Je suis dégoûté au fond de moi. Mais je ne suis pas du genre à me replier sur moi-même. Je continuerai à dessiner. Je m'habitue à vivre avec un seul œil. On ne sait jamais. Je crois aux miracles.* »

Ce 8 décembre au soir, le pouvoir est rassuré. L'ordre public a tenu. Emmanuel Macron n'a pas eu à être évacué de l'Élysée en hélicoptère. Reste à trouver les mots et les gestes pour apaiser la colère. Tant qu'il est encore temps. Reste à essayer de calmer cette haine contre le Président, ce chef de l'État jugé « arrogant », « méprisant » par les Gilets jaunes. « *L'homme dont parlent les gens, je ne le connais pas* », s'épanche parfois Brigitte Macron. L'homme que décrivent les Gilets jaunes, elle ne l'aurait pas épousé.

« Je suis ému de retrouver les Français. »

Jour de parole pour Emmanuel Macron. Jour d'attente pour les Gilets jaunes. Ce 10 décembre au matin, dans ce département rural, certains d'entre eux tentent d'envahir la préfecture. « *Je vous reçois, mais vous ne bloquez pas* », deale le préfet. Et comme un ministre est dans la ville, il participe à la rencontre. Les Gilets jaunes : « *Combien vous gagnez ?* » Le ministre : « *8 600 euros.* » Ils n'en reviennent pas. Le ministre : « *Mais je suis célibataire, donc je paie 32 000 euros d'impôts sur le revenu.* » Ils n'en reviennent pas. Le préfet et le ministre, eux, n'en reviennent pas de la « *révolution sociale froide* » voulue par les manifestants. « *Ça devait être comme ça en 1789* », se dit le préfet. Comme le Président doit leur parler ce soir, le ministre teste : « *Si vous n'aviez qu'une mesure à demander ?* » Eux : « *Le RIC.* » Le préfet : « *C'est quoi ?* » Eux expliquent ce « référendum d'initiative citoyenne », chouchou des ronds-points depuis que les revendications sociales se doublent de revendications démocratiques. Le préfet réalise alors : « *J'ai vite compris que le Président, le soir, tomberait à côté de la plaque.* »

Pendant ce temps à l'Élysée, le Président reçoit les partenaires sociaux pour la première fois depuis que les Gilets jaunes occupent les ronds-points. Une grand-messe avant de parler. Autour de la table, les dirigeants des syndicats, les représentants du patronat, des ministres, des élus. Chacun parle à tour de rôle, Emmanuel Macron prend des notes. Très économe de ses mots. Une séance pour pas grand-chose en fait. Laurent Berger : « *C'est un président de la République qui écoute, et à la fin, on comprend qu'il faudra regarder le JT à 20 heures pour savoir ce qu'il va décider. C'est une écoute, mais pas une construction en commun.* »

Le pays est en suspens. Partout, on ne parle que de ce que le Président peut dire. « *Il va raconter qu'il nous comprend, mais il ne comprend rien.* »

« *Il va faire croire qu'il a de l'empathie, mais il s'en fout de nous.* » Chez les Gilets jaunes, comme chez les Français qui les soutiennent massivement, le scepticisme est de rigueur.

Il est un peu moins de 19 heures. Dans les couloirs de l'Élysée, tout le monde s'affaire. Le pays attend qu'Emmanuel Macron parle. Rien ne doit être laissé au hasard. Par précaution, le Président décide d'enregistrer son allocution, lui qui a toujours privilégié l'impro. Le discours qu'il n'a montré à personne va défiler sous ses yeux sur un prompteur. À quelques secondes du début de la première prise : « *Stop ! Ça ne va pas* », crie un conseiller. « *La cravate. Elle ne va pas. Faut la changer.* » Elle n'est pas assez droite. « *Vous me faites chier avec ça* », éructe crûment Emmanuel Macron. Un employé court dans les appartements privés. Et rapporte trois cravates sombres. « *Celle-là fera l'affaire* », s'agace le chef de l'État. Il en prend une au hasard. Son temps est compté. Il veut rester concentré sur son message. Il s'assied. Prêt à se lancer. 3, 2, 1… Un conseiller s'approche de lui, réajuste sa cravate, repositionne sa Légion d'honneur, lisse sa chemise. « *Vous ne pouvez pas arrêter de le toucher* », s'agace un autre. Puis le Président se lance. Cette fois, c'est la bonne. Enfin presque.

Macron n'est pas satisfait : « *Je vais la refaire.* » « *Tout est très bien* », le rassure Sylvain Fort, son directeur de la communication. « *Et Brigitte, toi, tu en penses quoi ?* », demande le Président. Comme souvent, c'est l'avis de son épouse qui compte le plus à ses yeux. Elle lui donne son approbation. Mais ça ne lui suffit pas. « *Est-ce qu'il y a quelqu'un qui veut que je recommence ?* » Silence. La prise est validée. Et diffusée quarante minutes plus tard.

À 20 heures, 23 millions de Français écoutent le Président évoquer la « *colère profonde, je la ressens comme juste à bien des égards. Elle peut être notre chance* ». Notre chance. Pour eux ou pour lui ? Il décrète, comme François Hollande avant lui, « *l'état d'urgence économique et sociale* ». Et annonce : « *Le salaire d'un travailleur au SMIC augmentera de 100 euros par mois dès 2019 sans qu'il en coûte 1 euro de plus à l'employeur* […], *les heures supplémentaires seront versées sans impôts ni charges dès 2019.* » S'agissant des retraités « *qui touchent moins de 2 000 euros par mois, nous annulerons en 2019 la hausse de CSG subie cette année* ». Il demande aussi « *à tous les employeurs qui le peuvent de verser une prime de fin d'année à leurs employés, et cette prime n'aura à acquitter ni impôt ni charge* ». Il confirme qu'il ne rétablira pas l'ISF. Annonce un grand débat dont il assurera lui-même la coordination. Et promet : « *Nous ne reprendrons pas le cours normal de nos vies.* »

Eux ne sont pas près de reprendre le cours de leurs vies. Sur le rond-point de Fleury-sur-Andelle, c'est la déception. « *Il a donné le strict minimum. Il s'est foutu de notre gueule. Il récupère ce qu'il nous donne* », se désole Yohann, le jeune boulanger. Il aurait voulu un geste pour tous les retraités, un geste pour les handicapés, une vraie augmentation des salaires. Et comme beaucoup de Gilets jaunes, il aurait voulu le RIC. Antonio Barbetta continue de soigner sa blessure. Tous les jours, une infirmière vient chez lui à Compiègne. Il n'a pas été convaincu par le chef de l'État. « *Un gros bla-bla inutile. Les 100 euros, c'est un gros foutage de gueule. Avec lui, le peuple a juste le droit de galérer, pas de s'exprimer.* » À Fréjus, Céline Gravade est bien plus clémente. Après avoir écouté le Président, elle envoie immédiatement un SMS à son nouvel ami secrétaire d'État au numérique : « *Bonsoir Mounir. Comment la hausse du SMIC va être financée ? La CSG, ça, c'est vraiment extra pour nos retraités. Bravo aussi pour les heures supp. défiscalisées, c'est vraiment ce qui était attendu dans les ronds-points, vraiment.* »

Mais très vite, dans les jours qui suivent, on apprend qu'il ne s'agit pas d'augmenter le SMIC de 100 euros, mais d'augmenter la prime d'activité (de 90 euros, le SMIC augmentant de 10 euros). Cette aide prend en compte l'ensemble des revenus du foyer et pas du seul salarié. Ce qui exclut de fait une petite moitié de salariés payés au SMIC. D'autres familles en bénéficieront. Et pour les retraités qui touchent moins de 2 000 euros par mois, l'annulation de la hausse de la CSG ne sera effective qu'en juillet ; ils seront remboursés « avant l'été » de ce qu'ils ont avancé.

Dans un Facebook live, le 13 décembre, se lissant la barbe et se touchant le nez, comme d'habitude, Éric Drouet donne son sentiment : « *Mon avis, c'est qu'il a commencé à faire un premier pas. C'est déjà une victoire. Venant de Macron, c'est très inhabituel. Il n'est pas prêt à lâcher quelque chose pour nous, ceux qui sont en bas plutôt que ceux qui sont en haut* [...] *Il faut continuer, il commence à lâcher quelque chose.* » Le leader de la France en colère continue et pense aux Gilets jaunes qui sont morts : « *Y a pas des gens qui ont perdu leur vie pour 50 euros sur un SMIC. On sait même pas comment ça sera mis en place et qui va payer au final. On a gagné trop peu.* » Et Drouet de livrer sa pensée : « *Les*

Gilets jaunes, pour moi, c'est une grande famille. Tant que tout le monde n'a pas gagné à améliorer son futur, on doit continuer. Tant que toute ta famille n'est pas à l'abri, faut continuer. » Et tous les Gilets jaunes ne sont pas encore à l'abri.

Les cafouillages sur les annonces du chef de l'État brouillent le message. Cela énerve profondément Emmanuel Macron, qui voudrait comme tous les Présidents que sa parole soit magique, autoréalisatrice. Alors quand il réalise que ses annonces ne seront pas immédiatement suivies d'effet, il bouscule l'Administration. Quelques semaines plus tard, il revient sur ces journées si cruciales. Sa philosophie était simple : « *Cela nécessite qu'il n'y ait pas 1 cm d'écart entre ce que j'annonce et ce qui est mis en œuvre. Parce que sinon c'est la confiance qui est érodée.* » Il le sait : « *Vingt-trois millions de personnes ont entendu mes engagements. Si on laisse 10 cm d'espace, ils perdront confiance en nous. Donc il n'y a pas le choix. La parole du président de la République, elle ne doit pas souffrir d'écart ou de latence.* » En quelques minutes, Emmanuel Macron a lâché 10 milliards d'euros et fait sortir la France de la règle européenne d'un déficit qui ne dépasse pas les 3 % de PIB. Les Gilets jaunes ont obtenu cette sortie de la route comptable. Le Président l'assume : « *Je crois dans l'Europe, mais l'Europe ce n'est pas une décimale de ceci ou de cela. C'est une aventure, c'est beaucoup plus profond. Pour la poursuivre, il y a besoin d'entraîner les Français. Je me bats donc pour eux, je me tiens à leur côté face à tous ceux qui veulent les empêcher d'avancer. Je veux libérer leur vie, traiter cette part légitime du malaise qu'ils expriment.* » Le Président a parlé aux Français. Moins d'une semaine après avoir été effrayé au Puy-en-Velay par la haine qu'il a sentie à son égard, il espérait apaiser la colère. Retrouver le chemin du peuple. Renouer le dialogue. « *Le discours du 10, je ne le vis ni comme un tournant ni comme un acte de contrition. Mais comme un moment d'émotion sincère. Je suis ému de voir depuis plusieurs semaines des gens qui souffrent. Et de voir cette relation qui se tend. Je suis ému de retrouver les Français dans un moment que je sais important pour eux. Et je retrouve la pulsation de ma campagne, de ce qui nous a faits.* » Lui qui était inflexible face aux retraités a cédé en partie. Lui qui était le gardien du temple budgétaire a lâché. Mais ne lui dites surtout pas qu'il a effectué un virage politique. Pour lui, il n'en est rien : « *C'est une accélération qui me libère aussi. En endossant la fonction, on prend la part régalienne, la part symbolique, la charge qui va avec. Cette charge met de la distance. C'est inévitable. Nous avons porté beaucoup de réformes difficiles au début du quinquennat, pas forcément populaires. Le cumul de tout cela a installé une forme d'image d'arrogance. Je ne crois pas que je le sois.* » Il ne le croit pas.

« Le mouvement a éveillé ma curiosité. »

Il a parlé aux Français. Ce mardi soir, il veut parler à ses troupes, les députés, les sénateurs, les ministres qui le soutiennent et qui ont douté ces dernières semaines. Ils se serrent les uns contre les autres pour écouter leur patron. Emmanuel Macron se lance : « *Je suis le premier responsable. J'ai sous-estimé la profondeur de la crise sociale.* » Il ne fanfaronne pas : « *Je n'ai pas assez vu le départ de feu, et oui, il a fallu un Canadair pour l'éteindre.* » Avoue : « *Moi aussi j'ai un travail à faire sur moi-même, j'ai tendance à parler cash.* » Mais les parlementaires ne l'écoutent que d'une oreille. Leurs téléphones ne cessent de vibrer : « Fusillade à Strasbourg. » Les premières informations laissent penser qu'il s'agit d'un attentat. Le Président parle. Un premier message lui est transmis : une fusillade a eu lieu sur le marché de Noël de Strasbourg. Un deuxième lui indique le premier bilan. Le Président continue de parler. Dans les salons élyséens, certains s'en étonnent. Un troisième message parvient à Emmanuel Macron. Il reconnaît tout de suite l'écriture manuscrite. C'est celle de son épouse qui lui glisse un petit mot sur le thème : « *Faut que tu t'arrêtes maintenant.* » La réaction du Président est différente. Il s'exécute et quitte immédiatement la salle.

Les cinq morts du marché de Noël puis la traque et la mort de Chérif Chekatt rappellent aux Français qu'ils sont toujours la cible des terroristes. Très vite, le gouvernement appelle les Gilets jaunes à arrêter de manifester. Et très vite certains Gilets jaunes développent des théories complotistes, doutant de la réalité de cette attaque. Les manifestations jaunes du samedi 15 décembre sont maintenues et les contestataires s'y préparent.

Le 12 décembre, François Hollande dédicace ses *Leçons du pouvoir* à Longwy, dans le bassin minier lorrain. Un de ceux qui assurent la sécurité de son déplacement lui glisse ensuite : « *En fait, je suis un Gilet jaune.* » La discussion s'enclenche. Pour la première fois, l'ancien Président entend cet acronyme star des ronds-points. « *On est pour le RIC. Vous pensez que c'est possible ? C'est réaliste ?* » Hollande : « *Dans le système actuel, c'est très lourd. Et on ne peut pas faire qu'il n'y ait pas de conditions. Utilisez le droit de pétition, ça existe.* »

Pendant ce temps, en Conseil des ministres, Emmanuel Macron répète : « *Nous devons nous préparer à une crise durable. Il y a un mal-être dans la société. Une des solutions : nous améliorer nous-mêmes.* » Une discussion sur le grand débat promis par le Président s'ouvre. « *Autour de la table, je suis le seul à avoir vécu une consultation nationale qui s'est mal passée* », raconte Bruno Le Maire, se rappelant le débat sur l'identité nationale lancé par Nicolas Sarkozy. Le ministre de l'Économie pense que les préfets ne sauront pas organiser cette consultation. « *On sait comment ça marche, le participatif local. Si on veut que ça fonctionne, il faut savoir où on veut arriver et orienter les débats pour que les gens aillent à ce point d'arrivée* », balance Sébastien Lecornu, ancien maire et président du conseil départemental de l'Eure. « *Je ne sais pas trop à quoi ça sert, il faut poser des questions fermées* », abonde Gérald Darmanin. Julien Denormandie, bébé Macron par excellence, doute aussi : « *On n'est pas prêt. Il y aura trop de revendications.* » Le Président, lui, parle de « *catharsis* ». Et balaie les objections : « *Ce qui se joue, ce n'est pas le grand débat, mais la crise profonde que nous sommes en train de traverser. Ce débat peut redonner de la vitalité. Il faut s'appuyer sur les maires et ne pas avoir peur d'aller au peuple.* » Il veut canaliser cette colère jaune.

Elle était là la semaine précédente. Valérie a décidé de revenir à Paris ce samedi 15 décembre. Pour montrer que le mouvement continue. Gardienne d'immeuble, elle occupe le « *rond-point d'Allones à Beauvais* » depuis des semaines. Elle a enfilé un gilet jaune « *contre les taxes, contre le gouvernement. Contre tout dans la politique. Tous les politiciens sont des menteurs. Ça fait longtemps que j'attends ça.* » Elle a 51 ans et « *travaille depuis* [qu'elle a] *17 ans et demi* ». Elle a été « *chauffeur poids lourd* », a bossé « *dans une usine* ». « *J'étais déléguée syndicale CGT. Dans une industrie de brosses à dents. Quand je suis partie, on était 500, maintenant il ne reste que 30 ouvriers. Ils nous ont dit qu'on allait se développer en Asie, mais aujourd'hui, on colle une étiquette sur des brosses à dents faites à l'étranger.* »

Elle en a ras le bol. « *On se rend compte que même en travaillant, on n'y arrive pas. À partir du 10 du mois, on n'y arrive pas.* » Elle est « *smicarde* ». Estime que « *c'est plus dur aujourd'hui que lorsque j'ai commencé à bosser. Avant l'euro, on faisait un Caddie de courses pour 500 francs. Là, on fait deux sacs pour 150 euros* ». Elle a « *sa fille de 23 ans à charge* » et compte pour se nourrir. « *On ne mange pas de viande à chaque repas.* » Elle se définit comme « *une Française révoltée* ». Elle aime la vie sur le rond-point, ce mélange de générations, ce mix de milieux sociaux. Et surtout « *on apprend beaucoup de choses depuis qu'on est sur le rond-point. J'ai appris à décortiquer la facture EDF. Une mamie nous a raconté que dans son entreprise, quand ils changeaient de directeur, ils changeaient les bureaux. Gaspillage, gaspillage. Ma ceinture, je la serre de plus en plus, elle a des traces, je maigris.* » Valérie a changé depuis qu'elle voit la vie en jaune, et pas seulement parce qu'elle n'a « *plus le temps de faire à manger à* [son] *homme* ». « *Avant je ne regardais jamais Facebook, maintenant je regarde tout. Le mouvement a éveillé ma curiosité.* » Elle s'intéresse aux salaires des députés et de tous ceux qui travaillent au Parlement, au diesel, à la pollution de l'essence. Et bien sûr à la politique. Elle trouve le Président « *odieux, insultant* », voudrait qu'il « *parte* ».

Ses « *100 euros* » ne l'ont pas convaincue, « *c'est pas une vraie augmentation du SMIC* ». La seule chose qui trouve grâce à ses yeux « *c'est les heures supp., mais tout le monde ne peut pas en faire* ». Elle voudrait que tout change : « *Je me suis toujours dit que tant qu'on ne serait pas gouverné par quelqu'un qui a le même salaire que nous, ça n'irait pas. Je vote tout le temps.* » Elle voudrait « *une baisse de la TVA, une baisse des taxes, pas une hausse du SMIC. Parce qu'au moins ça concernera tout le monde* ». Elle aimerait que les gens soient entendus, participent : « *Je demande un droit de regard sur les politiques menées. Je ne suis pas politicienne, je ne sais pas comment ça s'appelle, mais il faut tout remettre à plat. De ce mouvement, il faut que ce ne soit plus toujours les mêmes qui commandent. Il faut des Gilets jaunes pour surveiller les dépenses de l'État.* » Avec ses amis, elle reste un peu à l'écart, ce samedi matin. « *On en a marre de se faire gazer. Samedi dernier, j'ai vu la petite gamine perdre son œil. J'ai eu peur qu'elle soit morte. Elle était à 2 mètres de moi.* » Elle va continuer à manifester et prévient : « *On va passer Noël sur le rond-point.* » Elle souhaiterait que le mouvement gagne « *plus* ». Sans se transformer. « *Je ne voudrais pas que les Gilets jaunes fassent une liste. Ils se feraient descendre comme Coluche et Balavoine. Mais si un jour on a des élus, il faudra qu'ils tournent.* »

Sur la place de l'Opéra, non loin de Valérie et ses amis, quelques figures médiatiques du mouvement attendent leurs troupes. Jean-François Barnaba vient de l'Indre. Fonctionnaire territorial sans affectation, il squatte les plateaux télé depuis deux semaines. Il analyse les raisons de cette colère : « *Le gasoil fut l'injustice de trop sur un terreau prêt à exploser, celui de tous les mouvements sociaux qui n'ont pas débouché. Il fallait l'allumette. Ce fut la hausse des taxes. Et tout est remonté. C'est comme un volcan, un gros bouchon de magma bouche tout et soudain, ça perce et tout explose.* » Ajoute : « *L'Histoire est faite de ces mesures anodines qui font les révolutions.* » Il en est persuadé : « *La France s'est levée, elle n'est pas près de se rasseoir.* » La suite est toute tracée, selon lui : « *La seule issue, c'est que le mouvement joue un rôle majeur dans le futur de ce pays.* » Non pas créer un parti : « *Ce mouvement est horizontal. C'est par l'horizontalité et la libération des énergies que ce mouvement fera une irruption révolutionnaire.* » Mais se présenter aux prochaines élections : « *Il faut tout d'abord faire une liste aux Européennes pour que ce mouvement ne soit pas récupéré.* » Il va discuter avec l'écrivain Alexandre Jardin et son mouvement les Zèbres. Théâtral, il assène : « *Il faut partir à la conquête des affaires du pays.* » Non loin de lui, Laëtitia Dewalle, porte-parole des Gilets jaunes du Val-d'Oise, proche d'Éric Drouet. Sur le dos de son gilet de sécurité, elle a écrit : « Laetitia 37 ans autoentrepreneuse en couple 3 enfants 2 300 euros/5 personnes Moins de 2 euros/personne/jour pour manger/s'habiller/Noël !! » L'élément « *cristallisant* » du mouvement qui dure depuis un mois, c'est « *la taxe sur le gasoil* ». Mais depuis, il a bougé et a officiellement quatre revendications qu'elle expose : « *le RIC, un vrai ; une Assemblée nationale citoyenne pour qu'on ait directement la parole ; la baisse de la TVA sur les produits de première nécessité et la baisse drastique des dépenses de l'État, pas des services publics. Il faut arrêter tous les privilèges à vie, les retraites des députés, des ministres* ». Pour elle, les Gilets jaunes, « *c'est un mouvement dans le partage. Tout part d'une volonté commune. Qu'on se connaisse ou qu'on ne se connaisse pas, nous avons tous le même objectif, non pas notre intérêt, mais celui du voisin* ». Pour elle, comme pour Éric Drouet ou Priscillia Ludosky, pas question de se présenter à des élections. « *Je ne veux pas qu'on fasse de la politique. Il n'y a pas de figures maîtres chez les Gilets jaunes. Il faut que ça reste un mouvement populaire et citoyen, apolitique, asyndical.* » Peu après Noël, Éric Drouet poste sur Facebook : « *Pas de politique. Pas de liste européenne. Pas d'association. Pas de théorie du complot.* » Et Priscillia Ludosky à la même période poste, elle : « *Que les choses soient claires… merci de ne plus m'approcher au sujet des Européennes. Ça ne m'intéresse pas… # parasites.* »

Jean-Luc Mélenchon n'en revient pas. Il a théorisé ces « révolutions citoyennes » et il est certain d'en déceler une. « *Dans une vie de militant, vivre un mouvement comme celui-là, c'est unique. Je regarde comment le mouvement évolue dans un état euphorique et de jubilation intellectuelle.* » Les échos qu'il reçoit des Insoumis présents sur les ronds-points et dans les manifestations, c'est qu'« *ils ne lâcheront pas prise* ».

Les samedis jaunes se suivent et s'ils faiblissent pendant les fêtes, ils reprennent avec vigueur en janvier. Ils sont presque tous émaillés de violences et font de nombreux blessés des deux côtés. Selon le ministère de l'Intérieur, entre le 17 novembre et le 17 décembre, il y a eu 8 morts, 1 834 blessés (dont 59 UA) chez les Gilets jaunes et 719 policiers nationaux, 310 gendarmes, 10 sapeurs-pompiers et 58 policiers de la préfecture de police blessés. En un mois, il y a eu 5 229 interpellations, dont 4 612 gardes à vue chez les Gilets jaunes. Les chiffres sont plus élevés qu'en mai 68. Et cela a continué les samedis d'après. Des journalistes ont également été blessés par les forces de l'ordre en couvrant les manifestations. Sur les réseaux sociaux et dans le débat public, les blessés victimes de tirs de grenades explosives ou de LBD (lanceurs de balles de défense) s'expriment. *Libération* a comptabilisé 90 blessés graves, le journaliste David Dufresne a signalé plus de 350 blessés ou manquements à la déontologie policière dont « au moins 100 blessés graves ». Arié Alimi, avocat de la famille de Rémi Fraisse, tué par une grenade offensive à Sivens le 26 octobre 2014, défend de nombreux blessés jaunes. « *Ils ont pris de plein fouet la violence de l'État. Pour eux, manifester, c'était normal. Or là, il y a eu énormément de violences et de mutilations. Les armes utilisées (GLI-F4, LBD) ne devraient pas l'être dans le maintien de l'ordre de manifestations.* »

Le SCPN, syndicat des commissaires de la Police nationale, a tweeté : « *Le dernier mot à la crise doit être politique, issu du dialogue et de la concertation. Ce n'est pas un match police-Gilets jaunes.* » Le ministre de l'Intérieur confie : « *Si demain j'ai la preuve que des policiers ont mal agi, ils seront sanctionnés.* » Mais au moment où nous finissons ce livre, il ne l'a pas. Et surtout Christophe Castaner défend les armes de « forces intermédiaires » ou « armes sublétales » utilisées pendant ces semaines jaunes. « *Si je ne laisse aux forces de l'ordre que des mots, on va avoir un vrai problème. Donc il faut utiliser des moyens qui tiennent à distance. Les GLI – et je pense à cet homme qui perd la main – notamment sont des grenades qui sont utilisées pour le désencerclement des forces de l'ordre. Les gaz lacrymos ne produisent plus d'effet, car les ultras sont aussi entraînés que nos forces, ils ne pleurent plus. Les GLI qui contiennent de l'explosif ont un effet assourdissant. Elles produisent un effet de sidération qui permet aux forces de se dégager. Et si vous l'avez dans la main, vous avez des blessés graves. Si j'enlève ça aux forces de l'ordre, les seuls moyens de désengagement, c'est leurs pistolets.* » Les forces de l'ordre sont épuisées. Les préfets aussi. « *Le préfet de Haute-Loire est meurtri, sincèrement meurtri. Les autres sont fatigués. Cela fait des semaines qu'on se demande si on ne va pas cramer nos préfectures. C'est dur. Il y a de la fatigue, de l'usure* », témoigne un de ces hauts fonctionnaires.

Au gouvernement, on scrute les mutations du mouvement, sa « *radicalisation* », comme ils disent. Sébastien Lecornu observe : « *Le Gilet jaune, c'est d'abord une action publique, qui devient politique. Désormais ceux qui sont sur les ronds-points sont des nouveaux militants politiques. Peut-être temporaires, évanescents et intérimaires, mais ce sont des gens qui veulent se faire entendre dans le débat politique. C'est la différence avec le premier week-end où il y a eu une poussée d'urticaire : "Il y a trop d'impôts." Même moi, je le pense.* » Christophe Castaner a vu des évolutions, samedi après samedi : « *Ce mouvement ne vit que par son image médiatique et l'image médiatique n'existe in fine qu'à cause de la violence. Et les violences changent. Très vite, les ultras se greffent au mouvement. D'abord l'ultradroite, puis l'ultragauche qui se dit : "Oh ben ils ont réussi à mettre des feux sur les barricades, sur les Champs-Élysées." Donc arrivée le 3e samedi de l'ultragauche. Puis les 3e et 4e samedis, c'est la banlieue qui arrive, et là des casseurs pas politiques, mais crapuleux viennent faire leurs courses de Noël.* » Pour lui, *« à chaque rendez-vous, on a un changement de profil de ceux qui manifestent, mais qui systématiquement génèrent de la violence* ».

Les Gilets jaunes continuent, enjambent Noël et le nouvel an, résistent en janvier. La défiance envers les médias est de plus en plus accrue, des journalistes sont attaqués. Ils en veulent aussi de plus en plus au pouvoir. Le gouvernement, qui avait décrété en une prophétie qu'il aurait voulue autoréalisatrice la fin du mouvement avec Noël, essaie ensuite de le canaliser à travers le « grand débat ». À Matignon, on assume :

« *On n'est pas pour la disparition du mouvement, mais pour qu'il rentre dans le cadre républicain* », manière de souligner qu'il ne l'est pas. Les Gilets jaunes ont pris la parole, sans la demander. Ils veulent transformer le pouvoir, parce qu'ils ont l'impression d'être un peu en train de le prendre, en tout cas d'en avoir, comme les superhéros de Mounir Mahjoubi. Ils sont sortis sur les ronds-points, comme d'autres avant eux ont occupé les places en Espagne, en Tunisie, en Égypte, en Turquie. Ils sont par essence « hors cadres » et insaisissables. Valérie raconte avec ses mots la force des Gilets jaunes : « *On trinque à la santé de Macron. Il nous a permis de nous retrouver, nous le peuple.* »

« C'est mon tort. »

« *Il nous insulte.* » « *Vous avez vu comment il a parlé au jeune chômeur ? Il croit qu'on trouve un boulot en traversant la rue.* » « *Il nous a dit de venir le chercher alors on vient.* » « *Il pense qu'on est des illettrés, des riens.* » « *Il nous traite de fainéants, de Gaulois réfractaires.* » « *Il nous méprise.* » Sur les ronds-points, dans les cortèges les samedis, les « phrases » du Président reviennent. En boomerang. Comme si elles n'avaient jamais été digérées. Elles ont dessiné ce chef de l'État qu'ils détestent.

Certains de ses amis l'ont alerté sur cette manière de parler. Plusieurs fois, Dany Cohn-Bendit lui a dit que c'était « *n'importe quoi* ».

« *Mais enfin, ils m'ont mal compris. Voilà ce que j'ai voulu dire* », répondait le Président, se lançant dans de longues explications. « *Mais je m'en fous de ce que tu as voulu dire* », coupait Cohn-Bendit, conscient de l'effet que provoquaient ces petites phrases, du personnage détestable qu'elles donnaient à voir aux Français.

En ce début d'année 2019, dans son bureau élyséen, après des semaines jaunes, Emmanuel Macron revient sur sa manière de s'exprimer. En plusieurs temps : « *Je ne suis pas arrogant, car quelqu'un qui est arrogant ne parle tout simplement pas aux gens. Au fond, tous mes ennuis viennent du fait que je parle de manière trop franche à ceux qui m'interpellent.* » Le Président va plus loin : « *Il y a une chose que j'ai sous-estimée, c'est qu'en même temps qu'on endosse cette part de régalien, on ne peut plus parler aux gens comme quand on est candidat.* » Il fait amende honorable : « *La part de vérité, peut-être de désinvolture, de caractère direct avec laquelle je m'exprimais devant les Français, quand j'allais au-devant d'eux pendant la campagne, j'ai gardé la même comme Président. Et là où j'ai eu tort, c'est que parce que je suis devenu Président, les gens, ils ne l'ont pas pris comme une parole d'égal à égal, ils ont dit : "C'est le Président." Ça a été perçu comme une forme d'humiliation.* » « Humiliation », le mot est juste. Emmanuel Macron avoue, et dans sa bouche, ces mots sont rares : « *C'est mon tort.* » Il a eu tort.

Alors que les Gilets jaunes ont bien l'intention de continuer, le Président revient sur quelques phrases qui ont choqué les classes moyennes et populaires qui se sont révoltées. Le fameux « Traverse la rue » au jeune horticulteur au chômage. « *Quand je parle par exemple à ce jeune homme dans les jardins de l'Élysée, c'est que j'ai envie de l'aider, qu'il s'en sorte. Sinon je ne passerais pas deux secondes avec lui. Et mon impatience est sincère : je veux qu'il s'en sorte. Je le houspille donc un peu, comme on houspille un ami, un fils. Quelqu'un dont on a envie qu'il s'en sorte. Tu veux t'en sortir, je te fais traverser la rue. J'étais hier avec quelqu'un qui m'a dit qu'il cherchait à embaucher.* » Il veut l'aider, mais le « houspille ». Un Président ne peut pas « houspiller » un jeune chômeur. « *Ma parole était bienveillante, mais comme je suis président de la République et lui chômeur, elle est perçue comme humiliante.* » Il ne le comprend pas immédiatement. « *Ça, je ne le perçois pas quand je lui dis, lui non plus, mais parce qu'elle est sortie de son contexte, que ça devient une vidéo, que ça passe en boucle sur les réseaux sociaux, sur BFM, qu'il y a des commentateurs qui en parlent, et parce que les gens me voient comme le Président et comme quelqu'un qu'ils ne connaissent pas, ils disent : "C'est humiliant." Et ça, c'est mon erreur.* »

La vidéo tournée dans ce même bureau, la veille de l'annonce du plan de lutte contre la pauvreté sur le « pognon de dingue » que coûtent les politiques sociales ? « *Ce qui est dingue c'est que beaucoup de Gilets jaunes le pensent. Si vous écoutez le cœur du mouvement Gilet jaune, ce sont des gens qui disent : "On ne vit pas assez de notre travail. Et il n'y a pas assez de différence entre le type qui travaille et celui qui ne travaille pas." C'était aussi une manière de parer un constat de manière forte et compréhensible. Mais c'était une erreur de ma part.* » Une autre erreur.

Emmanuel Macron aime parler cash. C'est sa nature. Et d'ailleurs, depuis qu'il a fait ce mea culpa, le Président a dit devant les élus de Gasny (Eure) à propos des « *personnes en situation de pauvreté* » : « *On va davantage les responsabiliser, car il y en a qui font bien et il y en a qui déconnent.* » Mais il sait qu'un Président ne devrait pas parler comme ça. Alors, il oscille : « *La dialectique dans laquelle je suis, c'est de ne pas perdre de la sincérité, de ne pas me calfeutrer. Sinon la seule réponse apportée à tout ça, c'est de ne plus jamais rien dire et de rester comme une momie. Là on ne fait plus d'erreurs. Mais on ne devient pas président de la République du jour au lendemain.* » On ne naît pas Président, on le devient. On le devient même parfois des mois après avoir été élu.

« On ne peut pas arrêter. »

Ils viennent de fêter le réveillon. Ensemble. Non pas sur leur rond-point dont ils ont été délogés avant Noël, mais à côté, sur « *un terrain privé qui nous sert de QG* » à Grainville, au bord d'une route. Les voitures klaxonnent toujours en les apercevant. La caravane est toujours là. Fabien vient d'y dormir quelques heures après avoir célébré la nouvelle année. Il a gardé son costume. Et quand Philippe arrive, il le salue d'un : « *T'es beau comme un Macron.* » Ils ont installé un « *kiosque en verre* », des canapés. Fabien fait le guide : « *On a un groupe électrogène, de la laine de verre. Ce sont des dons. On a fait le réveillon de Noël et celui du jour de l'an ici. On est bien, même si on veut récupérer notre rond-point. Au plus gros, on était plus de 500. C'était le haut lieu de la Normandie. On n'est pas mort.* » Et surtout, ils ont apporté leur mascotte, le pantin en gilet jaune dont la tête pend à son cou. Quand on leur demande qui est le pendu, ils répondent en chœur : « *C'est Macron.* » « *Le pendu, il a fait la guerre avec nous* », raconte Fabien. « *On a aussi sauvé Macron, mais celui-là, il ferme sa gueule* », abonde Philippe qui vient de découvrir qu'il a un cancer et veut continuer à se battre avec ses potes jaunes. « *La potence, le feu, ça fait un peu Révolution. Macron, je l'appelle Emmanuel Ier* », explique cet ancien chef monteur de télévision à la retraite. « *J'ai 73 ans, je suis là depuis le début, je serai là jusqu'à la fin. J'ai une bonne retraite. Mais je ne peux plus aider ma fille. J'ai amené mes deux petits-fils en vacances dans le Gers en août. En septembre, j'avais 1 400 euros de découvert. Depuis je n'arrive pas à le résorber.* » À côté de lui, un Gilet jaune : « *Ça fait des années que je n'ai pas pris de vacances.* » Fabien : « *Ils nous martyrisent. On ne peut plus rien faire.* » Des villages autour, on leur apporte des sapins ou de la nourriture. Ils sont mobilisés depuis des semaines. Et ont l'intention de continuer. « *On manque peut-être d'organisation, mais pas de détermination* », souligne Philippe. Fabien : « *Maintenant je veux la démission de Macron, la dissolution. Maintenant c'est fini. Qu'ils partent tous. Y en a marre des bourges de merde. On n'y arrive plus.* » Ils ne se connaissaient pas avant le 17 novembre, mais maintenant leurs vies sont mêlées. Fabien : « *On a une deuxième famille.* » Philippe : « *Il y a un esprit de famille. On est lié par les mêmes problèmes.* » Un autre appuie : « *Dans toute la France. On est une famille.* » Et comme dans une famille, ils ne pensent pas tous la même chose. Philippe : « *Ici, la bataille droite/gauche n'existe pas.* » Fabien développe : « *Il y a de tout, de la droite, de la gauche, des extrémistes. Mais on est d'accord sur une chose : on crève la dalle. Macron avait dit : "Je vais réunir le peuple", il a réussi, mais contre sa gueule.* » Ils détestent tous le Président. Ils ont l'habitude de voter et comptent bien se déplacer pour les Européennes. Ils aimeraient que le Président s'en aille, mais tous ne sont pas d'accord sur la suite. Fabien, ancien militaire, a son idée : « *Il faut un gouvernement de transition. Il n'y a que les généraux qui peuvent reprendre le pouvoir. Ça durera six mois, un an. J'ai confiance.* » Arrive Yohann, le jeune boulanger. Tous lui demandent de ses nouvelles. Le samedi d'avant à Rouen : « *J'étais au téléphone, on m'a passé à tabac. J'ai des marques partout.* » Ce qu'il veut maintenant ? Le référendum. « *Ça changera tout. On peut enlever une loi, virer un gouvernement et c'est quoi le troisième ? Ah oui, proposer des lois. Y a trop de députés en France.* » Philippe se lance sur les privilèges : « *Là, on paie quatre présidents de la République. Moi, quand j'ai quitté un emploi, on ne m'a plus payé.* » Yohann : « *On est des vaches à lait. On est toujours là. On va revenir. Ils nous prennent pour des cons.* » La veille, le Président a présenté ses vœux aux Français. Appelant au respect de l'« *ordre républicain* », Emmanuel Macron a affirmé : « *Certains prennent pour prétexte de parler au nom du peuple, mais lequel, d'où, comment ? Et n'étant en fait que les porte-voix d'une foule haineuse, s'en prennent aux élus, aux forces de l'ordre, aux journalistes, aux juifs, aux étrangers, aux homosexuels. C'est tout simplement la négation de la France.* » De quoi relancer la colère de Fabien : « *Il prend les gens pour des débiles. La foule haineuse ? Il va voir ce que ce sera quand on sera chez lui.* » Yohann : « *Foule haineuse ? On a regardé sur Internet ce que cela voulait dire. Il emploie des mots qu'on ne comprend pas. Il s'en bat les couilles de nous.* » Le mouvement a changé le jeune homme de 23 ans. La fraternité des luttes. Et l'attitude des forces de l'ordre. « *J'ai attrapé la rage. Quand les CRS nous frappent, c'est encore pire. Le peuple se révolte. Avant, j'étais pacifiste, maintenant je ne le suis plus.* »

Pendant qu'Emmanuel Macron a fêté la nouvelle année seul avec son épouse, de nombreux Gilets jaunes ont choisi de réveillonner sur leurs ronds-points. Partout, les voisins sont venus leur offrir de la nourriture et du champagne. À Fréjus, ils ont eu la surprise de recevoir un magnum, dédicacé « *Pour mes amis Gilets jaunes* » signé « *Brigitte Bardot* » avec une fleur à côté de son nom. Ils ont l'intention de la « *vendre aux enchères pour payer les frais d'avocat des gardes à vue de leurs ami*s ». L'actrice leur a donné son accord.

Dans les allées du pouvoir, certains ont douté, ont eu peur, ont cru que le quinquennat allait être emporté par la vague jaune. Mais en ce début d'année, ils « ont repris le cours normal de leur vie », contrairement à la promesse d'Emmanuel Macron. Le Président s'est lancé dans son grand débat. Et lui qui les a tant délaissés depuis son élection fait la tournée des mairies. Sébastien Lecornu l'accompagne, il est chargé du débat avec la secrétaire d'État à l'Écologie, Emmanuelle Wargon. Pour analyser ce mouvement social, Lecornu ose une comparaison musicale : « *C'est le* Boléro *de Ravel. Ça commence doucement et ensuite ça explose.*

Ça a commencé doucement il y a longtemps. Et là on est plutôt à la fin de la partition qu'au début. » Ils espèrent que c'est la fin. Ils veulent que ce soit la fin. Ils ont envie de passer à autre chose. Et de reprendre le cours du quinquennat. Philippe Grangeon veut croire à une suite pérenne : « *Si ça avait été un autre que lui, on pourrait s'interroger sur un rebond solide, mais avec lui, ce n'est pas impossible. Car, il a, je crois, la capacité de tirer à toute allure des enseignements sur les raisons profondes de ce mouvement et des enseignements sur lui-même.* »

Tout au long de ces semaines jaunes, Emmanuel Macron et les siens ont cherché à faire le contraire de François Hollande, à ne pas céder sur la taxe carbone comme lui avait cédé sur l'écotaxe – même si au final ils ont suspendu les hausses sur le gasoil. Ce qui fait dire en souriant à l'ancien Président : « *S'il est une leçon du pouvoir, c'est qu'il ne faut pas toujours se distinguer de son prédécesseur et faire attention à celui ou celle qui, en cas de crise, pourrait être son successeur.* » François Hollande a continué à rencontrer les Gilets jaunes qui demandaient à le voir, au fil de ses dédicaces ou de ses déplacements en province. Il a observé le pouvoir. Celui qui s'était appuyé pendant son quinquennat sur la CFDT livre son analyse : « *Ce mouvement, s'il avait été traité dès le départ, n'aurait pas prospéré, et s'il avait fait l'objet d'une négociation avec les partenaires sociaux, il n'aurait sans doute pas déclenché les manifestations qu'on a vues chaque samedi. Cela ne veut pas dire qu'il n'y aurait pas eu d'excès, de débordements de groupes d'ultradroite ou d'ultragauche, de casse, mais le mouvement aurait trouvé plus rapidement son débouché.* »

En ce début d'année, Jean-Luc Mélenchon poursuit sa défense des Gilets jaunes, cette « *révolution citoyenne* » qu'il désespérait de voir advenir. Comme il l'avait pensé dans *L'Ère du peuple*, dont il écrit une nouvelle édition, des Insoumis se sont fondus dans les Gilets jaunes : « *Que le mouvement disparaisse dans l'action elle-même, on l'a théorisé.* » La « *puissance de cette mobilisation* » et « *la puissance du discrédit* » du pouvoir l'ont marqué. « *Il y a un grand malentendu avec ceux qui sont au pouvoir. Ils pensent que faire de la politique, c'est gagner une élection. Mais non, faire de la politique, c'est gouverner, c'est savoir faire face et faire passer des idées et non pas donner des ordres. On n'est pas une start-up. Une entreprise a un objet. Là, il s'agit de 65 millions d'un des peuples les plus remuants de la Terre.* »

Nicolas soigne sa blessure. Il a écrit le rapport détaillé sur ce fatal 1er décembre pour sa hiérarchie. Il a participé au « débriefing en groupe avec les psychologues » de la préfecture de police. Il sait que c'est utile. Il a essayé de convaincre les récalcitrants. « *Nous, les anciens, avons insisté, parce que les plus jeunes ne voulaient pas. Celui qui a été attrapé par les manifestants et frappé, par exemple, n'a pas envie d'en parler.* »

Céline Calu continue à se mobiliser à Rouen ou à Paris. « *Chaque samedi, je me dis : "J'en ai marre de subir tout ça, marre de me faire gazer", et chaque samedi, je recommence. Je n'arrive pas à penser : "Il faut lâcher." Ils ne nous écoutent pas. Il y a eu des morts, énormément de blessés, des jeunes ont perdu un œil, d'autres ont eu la mâchoire arrachée. On ne peut pas arrêter.* » Elle souhaiterait que le « *mouvement évolue. J'aimerais bien qu'on boycotte la consommation. Il n'y a que l'argent qui les fera bouger* ». Elle n'est pas près d'oublier ces semaines de révolte. « *Sur les ronds-points, il y a eu énormément de solidarité, énormément de chaleur humaine. Dans les manifs à Paris, dès que quelqu'un allait mal, quelqu'un arrivait pour l'aider. Je croyais que ça se perdait. Mais non.* »

Céline Gravade a continué à voir Mounir Mahjoubi. Il est venu chez elle à Fréjus, elle est venue à Bercy. Elle est heureuse de ses semaines jaunes : « *Le mouvement a créé de la solidarité, a permis au peuple de recommuniquer entre nous.* » Elle a envie de participer au grand débat. « *On a demandé à avoir la parole, on nous l'a donnée. Il faut qu'on la prenne. Évidemment que je vais m'impliquer là-dedans. C'est juste la première fois qu'on peut nous laisser la parole. Maintenant la question se pose aussi : est-ce qu'on va être entendu réellement ?* » Elle a envie que le peuple soit entendu. « *On est tous riches de quelque chose et on peut tous amener quelque chose dans le débat politique.* »

Thierry est retourné à Marseille. Il a continué à venir manifester à Paris. Les Gilets jaunes lui ont redonné espoir. « *Les gens se sont réveillés. Si on m'avait dit il y a deux mois que les gens se rebelleraient comme ça, je ne l'aurais jamais cru.* » Il était pourtant un peu revenu de tout. « *La politique, pour moi, c'est comme la religion, je n'y crois pas. Il y a trop d'ego.* » Le plus souvent, il ne vote pas. En 2007, il avait voté « *Sarkozy en pensant gagner un peu plus d'argent. J'ai vite compris que c'était encore des bonimenteurs. Rien n'a changé* ». En 2017, il était à l'étranger, avait donné une procuration à un ami pour qu'il vote Marine Le Pen. « *C'était stratégique, c'était contre l'engouement des médias pour Macron.* »

Mais son ami n'était pas d'accord et n'est pas allé voter. Il voudrait que les Gilets jaunes ne s'arrêtent jamais. « *Personnellement, j'aimerais qu'il y ait le chaos, que tout s'effondre, le système monétaire, la politique, tout.* »

Antonio Barbetta soigne son pied qu'il ne peut toujours pas poser par terre des semaines après sa blessure par une grenade explosive. Il a eu une interruption temporaire de travail de vingt et un jours. A porté plainte et attend l'enquête. « *La procédure sera longue, mais il fallait le faire. Je voulais que mon histoire se sache, parce qu'on ne peut pas manifester.* » Il a cherché à faire témoigner d'autres victimes de violences policières. « *C'est important que les blessés parlent, se mettent en lumière.* » Il fait partie de l'équipe des administrateurs de « Vécu, le média du Gilet jaune » et les a mis en relation avec d'autres victimes.

Antoine Coste a fêté ses 26 ans sans savoir s'il retrouverait la vue. Depuis, les médecins lui ont dit qu'il avait définitivement perdu son œil gauche. Le graphiste apprend à travailler avec un seul œil. « *C'est une nouvelle vie qui commence. Les sensations du dessin sont un peu différentes. Heureusement, j'ai encore mes deux mains et mon cerveau.* » Il a porté plainte et signalé à l'IGPN les caméras de vidéosurveillance autour du lieu où il a reçu la balle de LBD. « *J'en veux à la police de tirer partout, sur les visages. Si j'étais Gilet jaune et que j'avais foutu la merde, j'assumerais, mais là, je n'ai rien fait. C'est injuste. J'espère que ce sera puni, même si ça ne me rendra pas la vue.* »

Ghislain Coutard est toujours fier d'avoir lancé l'idée du gilet jaune. Mais il en a « *marre de se faire gazer* ». Il est fatigué et en veut encore plus à Emmanuel Macron. « *À force de se faire matraquer, j'en ai marre. On se fait massacrer et ça ne change rien. On a des morts et des blessés et tout le monde s'en fout. Le Président ne dit rien. Il est dans un autre monde, il aurait pu désamorcer.* » Il espère que le mouvement « *va gagner au moins quelque chose pour les retraités, qu'ils ne se soient pas battus pour nous pour rien* ». Il veut y croire : « *On gagnera bien quelque chose à force. C'est une guerre d'usure.* »

Quand le Président est entré dans la salle de classe de l'école de Saint-Sozy (Lot), le vendredi 18 janvier, pour une visite surprise, l'auxiliaire d'éducation a demandé aux élèves de maternelle : « V*ous le reconnaissez ?* » Un enfant : « *Oui, c'est le monsieur au gilet jaune.* »

« Je ne vous demande pas… de m'aimer. »

Les Gilets jaunes sont toujours là. Ils n'ont pas désarmé. Ils soignent leurs blessés et continuent à défiler chaque samedi. Le Président vient de lancer son « *grand débat national* ». L'« *acte II de son quinquennat* », comme il l'appelle en écho aux actes jaunes, va commencer. En ce début d'année, nous lui avons demandé ce qu'il avait envie de dire aux classes moyennes et populaires. Voici sa réponse, comme une adresse à ce peuple jaune :

« Je me bats pour vous. Je sais d'où je viens et je vais le montrer en acte. Je sais mon histoire. Pour moi, rien n'est écrit. Ni dans ma vie personnelle, ni dans ma vie professionnelle, ni dans mes engagements. Je sais d'où je viens. La personne qui m'a forgée : ma grand-mère. La République lui a permis de grandir. Ses parents ne savaient ni lire ni écrire. Ma trajectoire, je la dois entièrement à la République française.

» Si j'aimais l'argent comme les gens le pensent, je serais resté banquier. Si j'aimais les gens puissants et fortunés, je ne serais pas devenu président de la République dans le contexte de 2017. Je suis devenu président de la République contre tout l'establishment. Qui m'a soutenu pendant la crise des Gilets jaunes ? Personne. C'est le peuple français qui m'a choisi, pas la République des partis. C'est le peuple français. Je lui dois tout. Si j'échoue, j'aurai échoué pour lui et avec lui. Jamais contre lui.

» Je ne vous demande pas à ce stade de m'aimer. Mais écoutez, lisez, regardez ce que je fais et ce que je dis. Ne le faites pas avec malveillance ou en ayant des idées préconçues. Écoutez vraiment ce que je dis, ce que je fais et comment j'essaie de me battre, et faites-vous votre opinion là-dessus. Je fais tout pour que votre vie s'améliore. »

C'est le peuple qui l'a élu. C'est le peuple qui peut le faire échouer. C'est le peuple jaune qui le conteste. Le peuple et le Président.

Merci à Arié Alimi, Antonio Barbetta (Compiègne), Laurent Berger, Xavier Bertrand, Jean-Michel Blanquer, Alix Bouilhaguet, Céline Calu (Bernay), Christophe Castaner, Cindy (Gard), Dany Cohn-Bendit, Antoine Coste (Paris), Ghislain Coutard (Narbonne), David (Sens), Fabien, Yohann et Philippe (Fleury-sur-Andelle), Philippe Grangeon, Céline Gravade (Fréjus), François Hollande, Laurence (Mitry-Mory), Sébastien Lecornu, Emmanuel Macron, Mounir Mahjoubi, Jean-Luc Mélenchon, « Nicolas », Jean-Pierre Sageot, Léa Salamé, Thierry (Marseille), Valérie (Beauvais).

Merci à celles et ceux qui nous ont raconté ces semaines en « off ».

Merci à nos ami.e.s qui nous ont aidés pour ce livre.

Merci enfin à Jean-Marc, Erri et Mathis, qui rendent la vie plus joyeuse.

Merci à mes parents, Marie et Nicolas, qui rendent la vie si belle.

Table des matières

Ouvrage proposé par :
Stéphanie Marteau

Composition
PRESS·PROD

IMPRIM'VERT®   PEFC™ 10-31-1510

Imprimé en France
par Corlet Imprimeur
14110 Condé-en-Normandie
N° d'imprimeur : 202203
Dépôt légal : février 2019
ISBN : 13 : 978-2-7499-3996-4
LAF : 2750